扶贫小额信贷典型案例

国务院扶贫办开发指导司
中国银保监会普惠金融部 组编

中国农业出版社

北　京

《扶贫小额信贷典型案例》编委会

前　　言

　　金融扶贫是打赢脱贫攻坚战的关键之举，在脱贫攻坚中发挥着重要的作用。党中央、国务院高度重视金融扶贫工作，习近平总书记强调要做好金融扶贫这篇文章。李克强总理在中央扶贫工作会议上要求走出一条有中国特色的金融扶贫之路。《中共中央　国务院关于打赢脱贫攻坚战的决定》明确提出金融扶贫 20 条举措，《中共中央　国务院关于打赢脱贫攻坚战三年行动的指导意见》对金融扶贫提出 3 个方面 15 条具体要求。党中央、国务院的决策部署，为我们用中国特色的办法破解金融扶贫世界难题指明了方向。

　　扶贫小额信贷是金融扶贫的重中之重。根据中央决策部署，国务院扶贫办把扶贫小额信贷作为精准扶贫的"十大工程"之一，会同银保监会、人民银行、财政部等部门和金融机构，用钉钉子的精神，下足"绣花功夫"，锲而不舍抓工作推进，精准发力抓政策落实，推动扶贫小额信贷工作一步一步走向深入，一步一步走向精准。

　　2014 年 12 月，我们按照精准扶贫的理念，立足我国基本国情和基本农情，针对贫困户缺少财产担保抵押、难以借款发展生产的痛点，根据贫困户生产规模小、周期短、盈利低、抗风险能力弱的特点，结合贫困户经济情况、能力素质、增收需求，统筹考虑金融机构实际，创新推出扶贫小额信贷。

　　2017 年 7 月，我们进一步明确扶贫小额信贷"5 万元以下、3 年期以内、免担保免抵押、基准利率放贷、扶贫资金贴息、县建风险补偿金"六句话政策要点，促进扶贫小额信贷业务规范发展。

　　2019 年 5 月，根据新形势新任务新要求，我们从持续满足脱贫攻坚期内贫困户、脱贫户的首次贷款和多次贷款需求出发，明确扶贫小额信贷续贷、展期的条件、次数和期限等政策，进一步规范扶贫小额信贷管理。

2020年以来，为妥善应对新冠肺炎疫情影响，我们结合收官期工作特点，从延长还款期限、把边缘户纳入扶持对象等方面，出台针对性政策，扩大政策覆盖面，形成较为完整齐备的扶贫小额信贷政策框架。

道虽迩，不行不至；事虽小，不为不成。扶贫小额信贷政策出台以来，各地高度重视，高位推动，紧盯难点堵点，大胆探索，不断创新，狠抓政策落地落实，先后涌现出湖南麻阳县贫困户信用评级"721"模式、宁夏盐池县"631"评级授信系统、湖北郧阳区扶贫小额信贷"一站式服务"、安徽灵璧县"一自三合"模式、河南卢氏县扶贫小额信贷"四大体系"、湖南宜章县"四员服务"等好做法、好经验，有力推动扶贫小额信贷健康发展。截至2019年年底，扶贫小额信贷发放贷款超过6000亿元，1500多万户贫困户受益。实践证明，扶贫小额信贷有效解决了贫困户发展生产缺少启动资金的问题，提升了贫困户的内生动力和自我发展能力，促进了贫困地区特色产业发展，推进了金融服务体系建设和金融环境改善，为中国金融扶贫制度创新留下浓墨重彩的一笔，走出一条中国特色金融扶贫新路子，是中国特色扶贫事业的重大创举，是中国脱贫攻坚的杰出案例，也是世界减贫史上的生动典范。

2020年3月6日，在决战决胜脱贫攻坚座谈会上，习近平总书记强调指出："这几年，扶贫小额信贷对支持贫困群众发展生产发挥了重要作用，要继续坚持。"今年是全面建成小康社会目标实现之年，是脱贫攻坚收官之年和决战决胜之年。在这承前启后的关键时节，总结扶贫小额信贷工作乃至金融扶贫工作中的典型做法和创新实践，既是做好下步扶贫小额信贷工作的需要，也为国际社会破解贫困农户贷款难题贡献了中国智慧中国方案。

2020年9月

目　　录

目 录

创新「一自三合」做法 提高资金使用效益
——安徽省灵璧县案例

安徽省灵璧县针对贫困户选择产业项目难、筹集发展资金难、生产经营管理难、拓展市场销售难和怕亏本折钱"四难一怕"问题，坚持"户贷户用户还"政策导向、坚持贫困群众主体地位和利益最大化，立足特色资源优势，积极创新生产组织形式，大力推行贫困户自我发展、合伙发展、合作发展、合营发展"一自三合"扶贫小额信贷做法，切实提高贷款资金使用效益，有效促进贫困群众增收脱贫致富。

【背景介绍】

在推进扶贫小额信贷政策落地过程中，遇到以下问题：一是产业发展存在"四难一怕"问题。在推进扶贫产业发展和扶贫小额信贷工作时，贫困户普遍存在选择产业项目难、筹集发展资金难、生产经营管理难、拓展市场销售难和怕亏本折钱的"四难一怕"问题，导致扶贫小额信贷资金投放出现困难。二是"户贷企用""分贷统还"造成"入股分红""简单吃利差"和"养懒汉"等问题，背离了扶贫小额信贷政策设计初衷。国务院扶贫办于 2017 年年底全面叫停"户贷企用"模式，重申扶贫小额信贷"户贷户用户还"基本方向和"贫困户自愿、贫困户参与"两项基本原则。在这一背景下，安徽省灵璧县积极推动扶贫小额信贷资金与产业资源相互融合，完善带贫减贫机制，大力推进贫困户自我发展、合伙发展、合作发展、合营发展的扶贫小额信贷"一自三合"做法，着力提高贷款资金使用效益，走出了一条"金融＋产业"融合发展、带贫减贫之路，有效激发了贫困群众内生动力、加快了增收脱贫致富步伐。

【做法成效】

1. 发挥传统优势，大力促进贫困户户贷户用"自我发展"

灵璧县鼓励支持有自主发展能力和发展条件的贫困户，通过户贷户用"自我发展"扶贫产业，独立生产经营实现增收脱贫。例如，灵璧县禅堂乡司庙村贫困户张某，2018 年在金融扶贫服务室的帮助下，用扶贫小额信贷贷款 5 万元购买了 3 头牛，在自家院内建了两间牛舍进行喂养，通过夫妻两人的精心喂养，养殖规模逐渐扩大，从原先的

3 头牛发展到 8 头牛，年获益 2 万余元。2018 年以来，灵璧县通过"自我发展"模式发放扶贫小额信贷资金 6974 户 3.06 亿元，占全县放贷总额的 61.3％。

2. 积极穿针引线，大力促进贫困户户贷户用"合伙发展"

灵璧县鼓励支持贷款贫困户与贫困户，或与一般农户，或与能人大户等"合伙发展"，互帮互助带动贫困户共同发展产业，形成抱团发展合力。通过贫帮贫、富帮贫让贫困户增强产业发展信心，获得产业发展所需的技术支持、生产服务和销售渠道。例如，灵璧县朱集乡星光村贫困户陈某，2018 年年初申请扶贫小额贷款 5 万元，并与同村有种植大棚技术的贫困户曹某合伙发展生产，共投入扶贫小额信贷资金 10 万元，种植蔬菜、葡萄、西瓜等大棚 5 个，2018 年收入 5 万多元，陈某当年顺利脱贫。经过两年扩大生产，大棚规模发展到 9 个，2020 年收入将达到 30 万元。为了帮助其他贫困户和群众脱贫致富，陈某在村里找了 6 个贫困户进大棚务工，手把手传授他们技术，希望他们也能和自己一样尽快增收脱贫，共同走上小康之路。2018 年以来，灵璧县通过"合伙发展"模式发放扶贫小额信贷资金 2909 户 1.28 亿元，占全县放贷总额的 25.6％。

3. 支持抱团取暖，大力促进贫困户户贷社管"合作发展"

针对贷款贫困户"单打独斗"发展产业面临的原料采购成本高、生产经营管理难、恶性竞争利润薄等问题，根据信贷资金流向和地缘关系，梳理相同产业，以"合并同类项"的方式，鼓励支持贷款贫困户抱团成立特色种养业、手工业等专业合作社，确保贫困户在合作社中的主体地位，通过户贷社管"合作发展"模式，开展规模化生产、标准化管理、品牌化销售，合作社提供产前培育、产中指导、产后销售等一条龙服务，统一采购原材料、统一标准生产加工、统一销售，让贫困群众在参与中学有标杆、干有标准，学习技术、学会经营，变

"输血"为"造血",增强抵御风险能力和产业营利能力,形成脱贫致富长效机制。例如,灵璧县大庙乡雅丽竹枝加工专业合作社的 26 户贫困户,采取统一原材料采购、统一标准分散加工、统一线上线下同步销售的方式,在避免同质产业恶性竞争的同时,原料成本下降 10%,销售价格提高 15%,销量增加 30%以上,入社贫困户年收入达 2 万元以上。2018 年以来,灵璧县通过"合作发展"模式发放扶贫小额信贷资金 1022 户 0.45 亿元,涉及合作社 27 个,占全县放贷总额的 9.0%。

4. 确立社员主体,积极促进贫困户户贷社管"合营发展"

鼓励支持贷款贫困户抱团成立农民专业合作社,与龙头企业、合作社等新型经营主体协作合营,成立新的经营主体,并确定抱团贫困户的主体地位和合作社的经营主导权,引入和发挥新型经营主体的资金、技术、信息、销售和服务优势,实现更高层次的合作,进一步发挥新型经营主体的带动作用,保证合作社和贫困户资金安全、收益稳定和生产就业能力的提升。例如,灵璧县尹集镇充分发挥镇域内光大生物质发电厂这一龙头企业优势,积极引导所辖 17 个行政村(其中贫困村 7 个)分别成立了村秸秆综合利用合作社,共吸收 107 户贫困户入社。为稳定秸秆收购,延伸产业链条,实现收购、加工、收储等一体化综合发展,增加贫困群众收益,17 个合作社以及光大生物质发电厂在更高层次上开展合作经营,成立了灵璧县兴村秸秆综合利用联合社。其中,合作社投入贫困户扶贫小额信贷 535 万元购置了 107 台打捆设备,占股 51%;光大生物质发电厂出资 514 万元流动资金,占股 49%(不参与分红)。联合社统一组织秸秆收购、打捆、收储、运输等工作,电厂再以高于市场价 20~30 元/吨的优惠价格收购联合社的秸秆,联合社经营收益的 80%按入股资金比例向入股贫困户分配。联合社在秸秆收储草场设置公益性岗位,贫困户全程参与秸秆搬运、草场看管等各环节务工劳动，目前已带动 100 多名贫困劳动力实现就业。在贫困户增收的基础上，村集体经济也因此增收 5 万元以上，真正做到贫困户脱贫、集体经济壮大和秸秆综合利用一举三得。2018 年以来，灵璧县通过"合营发展"模式发放扶贫小额信贷资金 472 户 0.21 亿元，占全县放贷总额的 4.1%。

2018 年以来，灵璧县通过"一自三合"方式累计投放扶贫小额信贷 5 亿元，获贷贫困户 11377 户。与此同时，灵璧县为防范扶贫小额信贷风险，建立健全风险防控、风险分担和风险缓释机制，县财政建立风险补偿金 3356 万元，加强风险补偿金使用管理；积极创新保险扶贫产品，对接中国人民财产保险股份有限公司签订了全省"脱贫保"综合保险扶贫第一单，为全县贷款贫困户集中办理人身意外伤害险、农产品收入险、第三方责任险、大病医疗保险和扶贫小额信贷保险于一体的"一张大保单保险"，充分发挥保险扶贫的风险防范作用。

【经验启示】

1. 坚持贫困群众主体地位

扶贫小额信贷要按照"户贷户用户还"政策导向，立足于贫困户的现实需求和自身特点，保持贫困户参与生产这个基本前提，确保贫困户或贫困户抱团发展成立的农民专业合作社的主体地位，引导贫困户通过自我发展或者合伙、合作、合营发展的方式，在实际参与中学到技术、学会经营，提升贫困户自我发展生产能力，有效激发贫困户内生动力。

2. 坚持贫困群众主体发展

将扶贫小额信贷与产业扶贫紧密结合，立足特色资源优势，充分尊重贫困群众自主权、知情权、参与权、决策权和监督权，围绕主导产业和特色产业，突出种植、养殖、加工、运输、劳务输出、农家乐、乡村旅游、电商等生产经营活动，帮助贫困户因地制宜选择适合自身的发展模式，确保贫困群众真正参与到生产经营中来，实现抱团发展、互利共赢。

3. 坚持贫困群众主体利益

以贫困户主体利益为出发点，积极开展贷款贫困户发展产业的一条龙服务，建立完善扶贫产业项目库，逐户制定脱贫计划，深入推广"四带一自"产业扶贫模式，大力开展贫困地区农产品产销对接，着力提升贫困户发展产业的组织化程度，使贷款贫困户发展产业有路子、有项目、有带动、有效益，实现小农户与大市场的有效对接，确保贫困户作为贷款主体能够实现利益最大化。

破解『五大障碍』，建立『四大体系』

——河南省卢氏县案例

河南省卢氏县针对扶贫小额信贷政策落地过程中出现的"贫困户感到可望而不可即、好听不好用，金融机构认为贷款风险大、操作难、成本高、不好办"的问题，找准政策落地"五大障碍"，建设了金融服务、信用评价、风险防控、产业支撑"四大体系"，形成了"政银联动、风险共担、多方参与、合作共赢"的金融扶贫"卢氏模式"，有效破解政策落地难题，解决了贫困户发展生产的资金问题，提升了贫困户的内生动力和自我发展能力。

【背景介绍】

河南省三门峡市卢氏县地处豫陕鄂三省交界处，总人口38.2万人。2016年全县共有贫困人口19645户63134人，贫困发生率18.9%，是国家级贫困县、秦巴山区集中连片特困地区扶贫开发工作重点县，河南省4个深度贫困县之一，贫困发生率居河南省之首。扶贫小额信贷政策出台后，在政策落地过程中遇到一些难题，长时间无法落地实施。贫困群众感到政策很好，但好听不好用、可望而不可即；金融机构认为贷款风险大、操作难、成本高、不好办。2017年3月，卢氏县通过创建金融扶贫试验区，找准了扶贫小额信贷政策落地的"五大障碍"，针对性地建设了"四大体系"，形成了"政银联动、风险共担、多方参与、合作共赢"的金融扶贫"卢氏模式"，有效破解了扶贫小额信贷政策落地难题，取得了明显成效。

【做法成效】

1. 坚持问题导向，找准"五大障碍"

卢氏县经过深入调查分析，认为要解决扶贫小额信贷政策落地难题，关键是要破除以下"五大障碍"：（1）银行网点少，服务无法保障。卢氏全县7家金融机构中只有河南卢氏农村商业银行股份有限公司1家在乡镇设有服务网点，平均每名信贷员要服务1000余户3000余人，信贷人员不足，难以提供有效的金融服务。（2）贷款方式改变，信用难以评定。扶贫小额信贷采用的是信用贷款方式，金融机构对贫困群众的信用信息掌握不足，缺乏有效的信用评价机制。（3）贷款用于生产，项目不好选。扶贫小额信贷只能用于贫困群众的产业发展，但贫困户"单打独斗"发展产业，抗风险能力差。贷款风险变高，银行担心收不回贷款，贫困群众担心还不上贷款。（4）免抵押、免担保，风险防控困难。扶贫小额信贷采用免抵押、免担保的方式，贷款资金风险变大，银行不愿贷。（5）利率差额变小，成本难以降低。扶贫小额信贷实行的是央行基准利率，贷款成本高，利润少，银行贷款积极性差。

2. 坚持目标导向，建设"四大体系"

卢氏县针对"五大障碍"，建设金融服务、信用评价、风险防控、产业支撑"四大体系"，解决实际问题。

（1）针对"银行网点少，服务无法保障"的问题，建设金融服务体系。卢氏县设立了 1 个县级金融中心（以下简称县中心）、19 个乡（镇）服务站（以下简称乡站）、287 个村级服务部（以下简称村部），组成三级金融服务体系。一是三级联动灵活服务。采取县中心、乡站天天受理，村服务部每周两天集中受理，农村商业银行包村受理，其他合作银行预约受理。实行人员组成、办公地点、受理时间统一，政策标准、宣传口径统一，贷款流程、申贷资料统一的"三统一"。利用广播、电视、微信等媒介和集市、庙会、节庆、民俗活动等时机强化宣传，让广大群众熟知申贷政策和流程。二是建好队伍，凝聚合力。利用行政村合并（行政村由 352 个合并为 277 个）及村级组织换届的时机，调整充实村服务部工作人员，开展业务培训。

（2）针对"贷款方式改变，信用难以评定"的问题，建设信用评价体系。卢氏县采用"政府主导、人行推动、多方参与、信息共享"的方式，依据"三好三强、三有三无"（即遵纪守法好、家庭和睦好、邻里团结好，责任意识强、信用观念强、履约保障强；有劳动能力、致富愿望、致富项目，无赌博吸毒、失信欠贷、好吃懒做的行为）的定性标准和 13 类 144 项定量指标，对农户进行全方位信息采集，建立覆盖全县的"信用信息大数据库"进行评级授信。

一是按照自愿申请的原则，采集贫困户的信用信息。卢氏县共采集 8.87 万户贫困户的信用信息，采集率 96.5％。二是动态更新贫困户的信用信息。卢氏县采取及时更新、定期更新、全面更新和申贷更新相结合的方式，把信息更新与"党员活动日""争创文明诚信家庭"活动相结合，每月 5 日更新一次信息。三是开发科技系统，支撑信用分析。卢氏县与深圳中农信科技有限公司联合研发了集贷款审批、分析统计、成效展示、预警熔断等功能为一体的"金融扶贫科技系统"，并与"河南农村信用信息大数据库"联网对接，实现了贫困户信用信息的互联互通、共建共享。四是根据贫困户信用信息的不同分值，将贫困户的信用等级划分为"A、AA、AAA、AAA＋"4 个等级，分别给予 5 万～20 万元的纯信用额度。85.2％的建档立卡贫困户评级为 A 级及以上，至少可获得 5 万元的信用额度。

（3）针对"贷款用于生产，项目不好选"的问题，建设产业支撑体系。一是精选主导产业。卢氏县因地制宜确立了以菌、药、果为重点的绿色农业，以农副产品、中药材精深加工为重点的特色工业，以生态旅游和电子商务为重点的现代服务业，全力推动一个产业培育 2 家以上龙头企业、发展百家合作社，建成百个产业扶贫基地，打造 1 个特色产业品牌，全力实施"四个一百"工程（核桃超百万亩、高效连翘超百万亩、规模以上企业超百家、旅游年接待游客超百万量级）。二是突出龙头培育。卢氏县坚持把扶持龙头企业作为金融扶贫的重点，以龙头企业引领产业发展，形成产业优势，提升发展水平，增强带动能力。先后引进了圣玛斯科技、林海兴华、金海生物、浩洋服饰、润奇食品等龙头企业，农业龙头企业达到 52 家，农民专业合作社由 300 余家增加到 1569 家，新增就业岗位 1 万余个。三是强化利益联结共享。卢氏县建立了"龙头企业带动、合作社组织、农户参与、基地承载"的利益联结共享机制,探索了订单农业、合作经营、劳务增收、产权＋劳务4种带贫模式,将贫困户融入产业基地、嵌入产业链,实行"自我发展"加"带动发展"。

(4)针对"免抵押、免担保,风险防控困难"的问题,建设风险防控体系。一是建立风险防控"五道防线"。首先是"贷款资金监管"防线:乡村两级金融服务体系和合作银行对农户贷款进行贷后监管。其次是"续贷资金周转"防线:建立2000万元的贷款周转资金池,解决贫困户因产业发展周期长、成本回收慢而造成的无法按期还款难题。第三道是"保险跟进防范"防线:为所有贫困户统一购买人身意外伤害险;为农户贷款提供贷款保证保险;为项目提供特色农业互助保险。第四道是"风险分担缓释"防线:设立了5000万元的风险补偿金,与合作银行、担保机构按照比例分担贷后风险。最后一道是"惩戒约束熔断"防线:凡贷款不良率超过5％的行政村,或超过30％行政村被熔断的乡镇,停止发放贷款,并启动追偿程序。二是持续正向激励。2017年以来,在全县开展"文明诚信家庭争创"活动,依据现实表现,每年评定出"标兵户""文明户""诚信户""守法户"和"空白户",一年一评比一调整。对两年来评选出的3838户"标兵户"和34215户"文明户",在信用额度、医疗、教育、保险、旅游、交通等多个方面给予优待。三是优化金融生态。在金融扶贫试验区建设过程中,新闻媒体对先进典型充分挖掘、积极宣传,对个别"老赖"等反面典型进行曝光,人民法院专门设立金融法庭,处理相关案件。通过上述措施,卢氏县初步形成了良好的金融生态环境。

截至2019年12月,卢氏县累计投放扶贫小额信贷16286户7.87亿元,户贷率41.54％,贷款余额3644笔1.68亿元。全县扶贫小额信贷逾期16笔63.84万元,逾期率0.38％(其中:不良9笔35.28

万元，不良率 0.21％），逾期率和不良率显著低于同期商业贷款，实现了扶贫小额信贷资金"贷得出、用得好、收得回、可持续"。通过扶贫小额信贷资金的支持，卢氏县扶贫产业迅速发展，带贫益贫效果更加突出。全县有劳动能力且有就业意愿的 2 万余户贫困家庭每户至少有 1 人就业。全县的贫困户数、贫困人口、贫困发生率由 2016 年的 19645 户、63134 人、18.9％，下降到 2019 年年底的 1542 户、3255 人、0.98％，卢氏县于 2019 年年底实现了脱贫摘帽。

【经验启示】

1. 一破一立，推动扶贫小额信贷政策落地

扶贫小额信贷政策落地涉及政府、银行、贫困户、企业等多方面工作，执行难度大。卢氏县以发现并解决关键问题为抓手，破解政策落地难题。首先是找准贷款服务、信用评价、项目选择、风险防控、成本控制等关键性"五大障碍"，然后有针对性地建立金融服务、信用评价、风险防控、产业支撑"四大体系"，解决上述问题。破五大障碍，立四大体系，一破一立，推动扶贫小额信贷政策落地落实。

2. 注重顶层设计，建立健全长效机制

使金融扶贫持续发力，就必须立足当前、着眼长远，注重顶层设计，建立长效机制。卢氏县从制度建设入手，制定完善了《深化金融扶贫试验区建设工作意见》《深化金融扶贫"卢氏模式"实施办法（试行）》等 12 个办法，《卢氏县金融扶贫服务体系建设工作方案》等 5 个专项方案，形成了"1＋12＋5"政策体系，确保金融扶贫行稳致远。

3. 针对主要风险点，建立风险防控系统

扶贫小额信贷是免抵押、免担保的信用贷款，必须从主要风险点

入手，建立有效的风险防控机制，才能保证扶贫小额信贷政策真正落地、效果长久持续。卢氏县针对资金使用、贷款周转、突发意外等主要风险点建立了"贷款资金监管""续贷资金周转""保险跟进防范""风险分担缓释"和"惩戒约束熔断"等五道风控防线，配合农村信用建设，形成了常态化的风控机制。

4. 夯实基础，确保四大体系有效联动

扶贫小额信贷政策落地是一项系统工程。其中金融服务要人员到位、经费保障、职责履行、流程优化；信用评价要准确可靠、动态更新、结果共享、合理运用；产业支撑要发展主导产业、密切利益联结、增强带贫效果；风险防控要三级联动、多措并举、注重细节、持续发力。上述四大体系必须做细做实，有机衔接、协调联动，才能真正发挥效用。

发挥熟人社会优势，变革传统评信方法

——湖南省麻阳苗族自治县案例

湖南省麻阳县发挥农村熟人社会优势，创建"721"贫困户评级授信方法，将贫困户的信用资本（诚信评价）、能力资本（劳动力人数）、物质资本（家庭收入）3个指标分别按7∶2∶1的比例，评定信用分数，确定信用等级。这变革了传统的银行评级授信指标，实现了评级授信由重视"物质资本"向重视"信用资本"的转变。评信方法的变革，使得贫困户在免抵押免担保政府增信去门槛基础上，又通过市场化方式量体裁衣地获得相应的授信额度。

【背景介绍】

湖南省麻阳苗族自治县（以下简称麻阳县）地处武陵山集中连片特困地区，全县共有贫困户 18997 户 70039 人。2003 年至 2013 年的 10 年间，全县贫困户累计贷款不足 500 万元，贷款年利率超过 10%，贫困户贷款不仅"难"而且"贵"，金融扶贫进展缓慢。扶贫小额信贷政策的出台带来了新的希望。但在实际贷款额度确定过程中，产生了贷款贫困户的评级授信难题。传统的评级授信方式是银行对贷款人的财务状况、生产运营情况、贷款用途、偿还贷款能力以及贷款收益等项目进行综合考察分析后，先对贷款人进行信用等级评定，再根据信用等级进行授信。由于贫困户的经济状况差异，根据银行传统的评级授信方法，贫困户无法得到有效的评级授信，银行难以确定贷款授信额度，顾虑风险，不愿放贷。

针对这一问题，麻阳县以个人信用为基础，为贫困户量身定制了"721"评级授信指标，实现了评级授信从重视"家庭资产"向重视"信用资产"转变，将村民对贫困户的个人信用评价转化为银行授信的量化评级指标，有效解决了贫困户评级授信困难问题。

【做法成效】

1. 创新"721"评级授信指标体系

麻阳县根据贫困户的"诚信评价""劳动力人数""家庭收入"3项指标评定信用等级和授信额度，打造了"7∶2∶1"评级授信体系。在 100 分的评级授信机制中，"诚信评价"占 70 分、"劳动力人数"占 20 分、"人均纯收入"占 10 分，3 项指标分别量化计分。每项评分均分为 A、B、C 三档，3 项指标分数合计：优秀≥90 分，授信额度 5 万元；80 分≤较好＜90 分，授信额度 3 万元；70 分≤一般＜80 分，授信额度 1 万元；70 分以下的不予授信。

根据计分标准，一户贫困户即使"劳动力人数"和"人均收入"都不得分，只要"诚信评价"信用好（70 分），也能获得 1 万元的扶贫小额信贷授信额度。

2. 村组代表评级、逐级审核授信

农民个人的信用状况，所在村的村干部、村民邻里最清楚。麻阳县坚持村级"一户一评"，由村组"五老代表"（老党员、老模范、老军人、老干部、老农民）和乡村干部、扶贫干部、农村商业银行支行行长等组成"村级评级授信小组"进行初审评级，县农村商业银行支行、总行审核确定信用等级。

3. 建立风险补偿金、引入保险产品

在信用评级、授信贷款的基础上，麻阳县利用县财政配套了风险补偿金。银行以风险补偿金数额为基数，按照 1∶10 的比例放贷。风险补偿金规模按照银行贷款余额 10％的比例弹性增长。麻阳县制定了《基层支行贫困户小额信贷工作考核管理办法》《银行客户经理绩效计酬办法》和《尽职免责办法》，根据产业扶贫贷款投放量的 2％安排奖励资金，按照 5∶4∶1 的比例分别奖励乡村、农商行、扶贫办的相关工作人员。麻阳县还引入"扶贫特惠保"借款人意外保险和"精准扶贫特色农业保险"来分散贷款风险，解决了银行"不敢贷"的问题。

4. 强化清收，建设信用体系

为确保基于信用评级的贷款收得回，麻阳县出台了《农户信用体系管理办法》，建立了与政府内网同网并行的农村信用信息平台，完善了贫困户信用信息共享机制，成立了金融扶贫服务中心，负责清收不良贷款，确保信贷资金良性运转。麻阳县对年内到期贷款收回率连续3个月低于98％的乡镇、村，停止该项贷款业务，风险补偿后组织清收，合格后继续放贷。严厉打击恶意逃贷、赖贷行为，营造良好的信用环境。

截至2019年年底，麻阳全县累计发放扶贫小额信贷5295笔2.56亿元；累计到期贷款3024笔14555.78万元；收回到期贷款3024笔14555.78万元，没有出现逾期；帮助5295户贫困户发展特色种植产业30多万亩*，养殖产业30多万羽（头），户均增收1.6万元。

【经验启示】

1. 尊重贫困户主体地位，创新信用评级方法

推动扶贫小额信贷政策落地必须尊重贫困户的主体地位，因地制宜，制订政策。麻阳县从贫困户的实际情况和现实需要出发，以贫困户个人诚信作为主要指标，创新打造了"721"评级授信体系，改进了评级授信办法，破解了扶贫小额信贷政策落地的"信用评级"难题。贫困户评级授信指标从重资产到重信用的变化是革命性的创新，将贫困户的信用资本（诚信评价）、能力资本（劳动力人数）纳入银行评级授信体系中，打破了传统评级授信体系下贫困户普遍因为评级授信低而导致贷款难的困局，充分体现了对贫困户主体地位的尊重，为农村金融服务及信用建设提供了新的发展路径。

2. 针对贫困户现实情况，合理制定信用评级指标

扶贫小额信贷就是从贫困户的实际情况和现实需要出发设计的，对于贫困户的"评级授信"也应针对现实需求进行设计。麻阳县针对

＊ 亩为非法定计量单位，1亩＝1/15公顷。

申请扶贫小额信贷的贫困户普遍缺乏资金、拥有劳动能力和发展意愿的情况，以诚信评价（70%）、劳动力人数（20%）和人均纯收入（10%）三项指标作为贫困户专用评级授信系统的主要内容，每项指标分三档，既保证了有信用但经济条件较差的贫困户都能获得最基础的授信额度，又从收入和劳动能力的维度对贫困户进行区别授信，提高了贷款的精准度，降低了潜在的风险。

3. 发挥熟人社会优势，村代表参与信用评级

银行机构工作人员对于贷款贫困户的"诚信评价""劳动力人数"和"人均纯收入"等信息掌握不全、不准，更新缓慢。农村是熟人社会，贫困户的个人信用、家庭状况，所在村的村干部、左邻右舍最清楚。所以麻阳县坚持由村组"五老代表"（老党员、老模范、老军人、老干部、老农民）和乡村干部、扶贫干部、农村商业银行支行行长等组成"村级评级授信小组"进行初步评级，保证了信用评级工作的公平、准确、有效。

4. 强调农村信用建设，推动金融扶贫工作

麻阳县将农村的信用建设管理贯穿于贫困户评级授信、贷款管理、还款管理的全过程。采用"一人逾期影响全村信用""到期贷款收回率低于标准的乡、村停止该项贷款业务，风险补偿后组织清收，合格后继续放贷"等机制，有效降低了贷款风险，贫困户从想贷"贷得到"到主动"按时还"，形成了良好的金融信用记录，有利于持续获得贷款、享受更多金融服务。信用建设成为麻阳金融扶贫的有效抓手。

建立三项工作机制，狠抓金融扶贫政策落实

——河南省三门峡市案例

河南省三门峡市针对扶贫小额信贷工作推进中遇到的"产融结合不紧密、风险缓释不顺畅、带贫减贫成效不明显"3个新问题，找准产融结合点，下好风险防控先手棋，完善利益联结机制，探索形成了三项金融扶贫机制：一是产融结合机制，将金融扶贫资金集中发展特色优势产业、培育产业扶贫基地和实施产业扶贫项目，夯实产业扶贫基础；二是风险防控机制，以防为主、防控结合，守住金融安全底线；三是带贫减贫发展机制，通过鼓励群众自己干、能人大户带着干、龙头企业领着干，提升贫困群众持续发展能力。

【背景介绍】

三门峡市地处河南省西部丘陵山区,贫困人口多、贫困程度深,是河南省扶贫开发的"重地",有国家级贫困县卢氏县,省"三山一滩"重点县陕州区,共计346个贫困村(其中深度贫困村232个)。截至2019年年底,三门峡市共有建档立卡贫困户66489户、225203人。

2017年以来,三门峡市紧紧围绕扶贫小额信贷政策落地,从农村金融服务供给侧改革入手,构建金融服务、信用评定、风险防控、产业支撑"四大体系",形成金融扶贫"卢氏模式"。2018年以来,三门峡市针对金融扶贫工作推进中遇到的"产融结合不紧密、风险缓释不顺畅、带贫减贫成效不明显"等3个新问题,在"卢氏模式"基础上围绕扶贫小额信贷"用得好、还得上、可持续",探索完善了"产融结合、风险防控、带贫减贫发展"三项机制,取得一定成效,受到国务院第五次大督查通报表彰。

【做法成效】

1. 完善产融结合机制,夯实产业扶贫基础

一是发展特色优势产业。三门峡市重点围绕县域主导产业,引导贫困户将贷款用于发展特色产业,促进特色产业迅速发展。截至2019年年底,全市累计投入扶贫小额信贷资金26.3亿元,发展特色林果385万亩、中药材种植62.5万亩、蔬菜种植49.16万亩、食用菌栽培3.7亿棒,实现县域主导产业快速发展。二是培育产业扶贫基地。三门峡市财政每年拿出1亿元产业奖补资金,培育产业扶贫"百

"千万"工程，建设100个扶贫培训基地、1000个扶贫产业就业基地、1万个产业增收大棚，促进产业发展升级，为贫困人口提供产业支撑和就近就业岗位。2017年以来，三门峡市累计投入财政资金1.91亿元，撬动金融和社会资金投入14.63亿元，建成扶贫培训基地108个，扶贫产业就业基地1056个，产业增收大棚10837个，直接带动2.1万贫困人口增收脱贫。三是实施产业扶贫项目。进一步完善县级脱贫攻坚项目库，做好项目研究论证，为贷款发放提供项目储备，帮助贫困户理清发展思路，选准产业项目，融入产业发展链条。截至2019年年底，三门峡市累计实施产业扶贫项目1938个，重点支持贫困户发展投资少、见效快、效益高的种植、养殖和农产品加工等特色产业项目。

2. 完善风险防范"211机制"，抓好逾期贷款处置五环节

"还得上"是扶贫小额信贷的根本要求。三门峡市坚持"以防为主、防控结合"的思路，在防和控两个方面下功夫，防患于未然。

在"防"的方面，建立"211机制"。"2"是指设立银行和保证保险"两个风险补偿资金池"。三门峡市进一步完善"政银保"风险分担合作方式，解决贷款逾期风险大、银行不愿贷、保险机构不愿保的问题。风险补偿金额度主要根据贷款余额、本年度预期放款金额、目前辖区内融资类业务违约率及银行、保险公司责任比例来确定，并随贷款投放规模调整，确保可持续使用，解除银行和保险机构的后顾之忧。截至2019年年底，三门峡市银行和保证保险两项风险补偿金总额达到1.48亿元。第一个"1"是指实行"一张大保单"。三门峡市以县为单位，将农业保险、贫困户人身意外伤害保险、大病兜底医疗保险和扶贫小额信贷保证保险打包整合，形成"一张大保单"。三门峡市把与政府签订"政银保"合作协议作为保险公司报名参加政策性保险招标的首要条件，将盈利的"政策性保险"作为保险公司承担

"扶贫小额信贷保证保险"的补偿激励措施。县级财政根据保险公司"扶贫小额信贷保证保险业务"的承保规模，分配政策性保险的市场份额，调动保险公司参与扶贫小额信贷工作的积极性，同时也充分发挥保险的风险保障功能，为产业发展和贫困户增收保驾护航，为贷款安全兜住底线。第二个"1"是指建立"一套监管服务机制"。三门峡市建立了县、乡、村三级联动的"扶贫小额信贷管理台账"，对借款人资金使用、生产经营情况全过程动态监测。首先，把好贷前审核关口。通过村推荐、乡审核、县审批和银行、保险机构贷前调查的方式，对每笔贷款使用意向严格把关，确保贷款"贷得准"。其次，做好贷中跟踪服务。乡村干部、驻村扶贫工作队员、第一书记、帮扶责任人对贫困户发展项目提供市场信息、技术培训、产品销售等服务，帮助解决生产中遇到的各种问题，确保贷款"用得好"。最后，守住贷后管控关口。从贷款发放到本息收回全程进行监管，包括贷后实地检查、账户监管、风险预警、贷款收回、有问题贷款处理等，确保贷款"还得上"。同时，将诚信教育贯穿始终，加强扶贫小额信贷政策宣讲和诚信教育，让贫困户树立诚信意识，从根本上打消"赖账"思想。

在"控"的方面，抓好逾期贷款处置五环节。一是评估，对可能的逾期贷款逐笔分析逾期原因，到期前通过评审确定是否续贷或展期；二是续贷，对因产业发展周期长暂时无法还款、贷款到期仍有用款需求的农户，利用县级续贷周转资金，及时办理续贷；三是清收，对拖欠的贷款，由县乡村三级扶贫贷款清收工作组协同配合，督促借款人归还借款；四是补偿，对确实产生的不良贷款，经严格审查符合条件的，及时启动风险补偿；五是追偿，对恶意欠款的农户，列入失信人员名单，并向法院起诉追偿。通过防控结合，三门峡市扶贫小额信贷逾期率始终控制在较低水平。

3. 完善带贫减贫机制，提升持续发展能力

三门峡市实施"1＋1"减贫机制，一方面利用扶贫小额信贷政策支持贫困户自我发展，另一方面支持能人大户和新型经营主体利用其他金融产品带动贫困户发展。贫困户与能人大户和新型经营主体形成合作共赢的新机制，提升贫困户持续发展能力。

一是鼓励群众自己干。加强技术服务和技能培训，鼓励有劳动能力、有产业项目的建档立卡贫困户，利用扶贫小额信贷资金发展种植、养殖等小项目。如陕州区张汴乡窑底村金融服务部针对贫困户阴某掌握一定养殖技术的情况，2017年10月帮助其申请扶贫小额信贷5万元，扩建羊舍并头羊35只。经过短短几个月，羊存栏数最多达到65只，当年收入3.5万元，实现脱贫目标。

二是能人大户带着干。实施非贫困户带贫困户"1＋1"合伙发展。经乡村党组织"牵线搭桥"或自由结合，非贫困户中的致富带头人与贫困户进行利益捆绑、结对子，贫困户跟着非贫困户打工赚钱、学技术，提升发展本领，为用好扶贫小额信贷资金打好基础。对带动贫困户发展的能人大户，享受"额度10万元以下、期限3年期以内，免抵押、免担保"产业扶贫优惠贷款政策。截至2019年年底，三门峡全市通过非贫困户带贫困户"1＋1"合伙发展模式，累计带动2377户贫困户实现脱贫增收。

三是龙头企业领着干。实施一批新型经营主体带动一批贫困户"1＋1"合作发展。建立"龙头企业带动、新型经营主体组织、贫困户亲身参与、多方共同受益"的金融支持产业发展与带动贫困户脱贫的利益联结机制，采取不同于"户贷企用"的办法，通过合作经营、订单农业、劳务增收等合作模式，引导贫困户融入产业链，参与生产经营，实现发展和收益的可持续。如卢氏县沙河乡贫困户陈某利用扶贫小额信贷资金，在果角村承包2个产业扶贫大棚自主发展蔬菜种

植，与信念集团签订保底收益合同，种植技术和标准由企业全程指导把控，产品由企业统一回收，解决了技术和销路问题，年增加收入达5万元以上。

【经验启示】

1. 产融结合要找准结合点，用在关键处

产业为基，金融为器，产融结合，必须将扶贫小额信贷资金用在特色优势主导产业培育、产业扶贫基地建设、产业扶贫项目实施等产业发展的关键环节，才能发挥出金融的综合效应，真正夯实脱贫攻坚的产业基础，更好更快促进群众增收。

2. 带贫减贫要完善利益联结共享机制，激发贫困户脱贫原动力

对于自我发展能力弱的贫困户，用好扶贫小额信贷，必须采取措施，动员能人大户带着干、龙头企业领着干。通过合作经营、订单农业、劳务增收等多种合作模式将其融入产业链；通过让贫困户实实在在参加生产劳动、参与生产经营，进一步激发内生动力，增强产业发展能力，最终实现稳定脱贫。

3. 风险防控要把"防"放在首位，下好先手棋

风险防控要以"防"为主，主动出击，必须把"防"的措施贯穿贷前、贷中和贷后各个环节。只有严格贷前审核，才能杜绝没有项目盲目借款、骗取借款挪作他用的现象。只有抓好贷款项目的跟踪服务，帮助群众解决产业发展难题，才能保证项目有收益，贷款还得快。只有定期回访、实地查看，抓好贷后监管，才能及时发现风险苗头，有效采取措施化解。

金融夜校进苗寨，惠民政策送到家

——贵州省雷山县案例

贵州省雷山县针对当地少数民族人口占多数、普通话水平不高和金融知识缺乏的特点，以提升群众金融扶贫政策知晓度为抓手，开办金融夜校，健全组织体系，丰富服务内容，创新多种宣传形式，向贫困群众宣讲金融知识、扶持政策，让贫困群众学金融、懂金融、用金融，有效助推全县扶贫小额信贷工作开展。

【背景介绍】

贵州省黔东南苗族侗族自治州雷山县是国家扶贫开发工作重点县，全县总人口 16.32 万人，少数民族人口占 92.3%（其中苗族人口占总人口的 84.2%）。雷山县建档立卡贫困人口 12292 户 48512 人，贫困面广、贫困程度深。县域农村基础设施薄弱、基础金融服务缺乏、农民知识水平较低，全县脱贫攻坚任务艰巨。由于当地农村缺乏基础金融服务，贫困户对金融扶贫政策、金融服务常识、信贷流程了解不多，制约了扶贫小额信贷的发展。提升金融扶贫政策的群众知晓度成为推进扶贫小额信贷工作的当务之急。针对这一问题，雷山县创新开办了金融夜校，向贫困群众宣讲金融知识、扶持政策，让贫困群众学金融、懂金融、用金融，有效助推全县扶贫小额信贷工作的顺利开展。

【做法成效】

1. 健全金融夜校组织体系

雷山县成立了全县金融夜校活动领导小组，制定《雷山县深入开展金融夜校活动实施方案》，根据"政府主推、行社主抓、网点主办"的原则，汇总政银资源，推进金融夜校及扶贫小额信贷工作。为保证群众参与度，县农村信用合作联社各网点在开办金融夜校前，预先组织各网点人员一起进村入户联系和动员群众参加夜校，营造群众学习氛围。为保证金融夜校活动扎实推进，不流于形式，设立约束激励机制，将各包村信贷员每月开办夜校次数、频率、效果等情况作为全年工作目标和绩效考核内容，同时设立督查组，不定期深入一线进行检查督导。

2. 丰富金融夜校服务内容

雷山县在金融夜校培训中，主要以讲解扶贫小额信贷业务知识为主，同时涵盖多方面的知识，以满足群众对金融服务、产业发展的不同需求。金融知识包括存取汇转贷业务、利率、反假币、反洗钱、非法集资、金融风险防范、扶贫小额信贷政策等业务知识；电子业务知识主要有助农 POS 机具的使用，信合卡用卡安全知识，黔农云 App 申请及操作；信用工程方面主要宣传创建和维护信用村组、信用乡镇的意义，评定信用农户的好处，如何提高信用等级、授信额度及无纸化办理"致富通"农户小额信用贷款等；创业致富方面主要为农民创业就业和增收致富提供信息及资金等支持。

为壮大金融夜校力量，雷山县农村信用联社（以下简称农信联社）加强与县人力资源和社会保障局、县妇联、县农业局、县茶叶局、县扶贫办及团县委等部门合作，探索和实施金融夜校"职能部门＋"的多方政策业务宣传模式。例如县农业局利用金融夜校平台培训黑毛猪养殖技术；县妇联邀请当地著名绣娘为老百姓开办刺绣培训班；县文旅局邀请礼仪培训老师对农家乐服务人员进行接待游客基本礼仪培训；大塘镇政府邀请致富产业手工编制花兜技术专利权人进行花兜编制工艺培训。

3. 扩大金融夜校宣传覆盖面，创新宣传形式

雷山县农村信用联社拍摄的微电影《回家》，是以外出务工贫困户返乡创业，发展本土特色产业为题材，致力于传承苗族文化的微电影；雷山县农信联社将扶贫小额信贷政策宣传材料录制成苗语和汉语音视频，利用早、中、晚在各村组进行广播，方便广大苗族群众了解扶贫小额信贷政策知识；针对农村有很大一部分农户外出就业创业的现实，县农信联社在各村建立"农信社微喇叭"微信群，宣传金融知识；同时，县农信联社还组织"赴粤农民工金融服务先锋队"赴广东省广州市、深圳市、东莞市、佛山市等地区对雷山籍在粤创业务工人员开展金融知识政策宣传、产品推广、信息采集等金融服务。

4. 提升金融夜校助农脱贫动力

雷山县将金融夜校宣传、发放扶贫小额信贷与产业扶贫、扶智、扶志相结合，激发县域贫困户脱贫致富的内生动力。在开展金融夜校活动中，雷山县各村脱贫攻坚指挥所、金融部门及全县 2419 名结对帮扶干部，采取"金融夜校课堂"、村寨院坝会、小组会等方式，就扶贫小额信贷的特点、好处、扶持范围、扶持方式、办理流程及资金使用途径等对村民进行讲解和解答，引导贫困户消除"等靠要"思想和好吃懒做的不良习性，立志在扶贫小额信贷资金支持下，结合自家劳力、技能、土地资源等实际，因地制宜发展黑毛猪、小山羊、黄牛、果蔬等种养殖扶贫产业。

截至 2019 年年底，雷山县累计为 10738 户贫困户发放扶贫小额信贷，获贷率 83.29％，发放金额 59273.08 万元，较好地解决了贫困户缺乏产业发展资金的问题。2019 年 4 月，贵州省人民政府正式批准雷山县退出贫困县序列。2019 年 7 月，雷山县顺利通过国家贫困县退出抽检。

【经验启示】

1. 扶贫小额信贷政策落地，首先要解决群众知晓度的问题

扶贫小额信贷是全新的政策性金融扶贫产品，贫困群众县承贷主体，只有贫困群众了解扶贫小额信贷政策，接受扶贫小额信贷产品，扶贫小额信贷才能顺利发展起来。雷山县通过金融夜校的方式向当地少数民族贫困户宣传扶贫小额信贷政策、操作方式，提高贫困户的政

策知晓度，减轻贫困户的贷款疑虑，为扶贫小额信贷政策的落地打好基础。

2. 注重宣传金融政策，提供知识培训，激发贫困群众内生动力

雷山县通过金融夜校的方式重点向贫困户讲解扶贫小额信贷政策和金融常识，介绍惠农金融产品服务，培训产业技术。知识改变命运，贫困户通过集中培训、学习知识激发了内生动力、增强了脱贫信心。

3. 根据贫困户具体情况，采用多种宣传手段

雷山县贫困户数量多、流动性强，需要根据贫困户的具体情况，采用多种手段进行宣传，才能达到效果。除了开展金融夜校，雷山县还在各村通过双语广播宣传扶贫小额信贷政策，通过组建微信群、拍摄微电影等方法向外出就业的农户进行政策宣传。多元化的宣传手段，是雷山县取得良好宣传效果的重要原因。

健全『评贷用还』，解决贷款难题

——宁夏回族自治区盐池县案例

宁夏回族自治区盐池县认真落实扶贫小额信贷特惠政策，建立了覆盖"评贷用还"全流程的扶贫小额信贷工作体系，通过"631"评级授信方法、四级信用体系和"1＋4＋X"特色产业扶持政策，有效解决了建档立卡贫困户贷款难、贷款贵等问题，走出了一条"依托金融创新推动产业发展、依靠产业发展带动贫困户增收"的发展之路。

【背景介绍】

盐池县位于宁夏回族自治区东部,地处毛乌素沙漠南缘,是革命老区,也是宁夏中部干旱带上的国家级贫困县。总人口17.2万人,其中农业人口14.3万人。2013年年底,盐池县识别贫困村74个,贫困户11203户,贫困人口32998人。盐池县是中国滩羊之乡,80%的贫困户都在从事滩羊养殖相关产业,其收入一半以上来自该产业。2015年以前,贫困群众发展产业主要依靠民间借贷,金融机构主要向产业基础好、有担保有抵押的群众发放贷款,贫困户贷款难、贷款少、贷款贵的问题较为突出。2015年国家推行扶贫小额信贷政策后,盐池县政府通过建设诚信体系、推动产融结合、狠抓风险防控,全面落实了扶贫小额信贷政策,在解决建档立卡贫困户贷款难、贷款贵问题方面取得显著成效,探索出一条"依托金融创新推动产业发展、依靠产业发展带动贫困群众增收"的发展之路。

【做法成效】

1. 建立诚信体系,确保贷款需求

盐池县把改善农村金融环境、提高群众诚信意识、增强内生动力,作为推进扶贫小额信贷的重要抓手。一是落实扶贫小额信贷政策。盐池县为解决建档立卡贫困户发展产业缺乏资金难题,出台扶贫小额信贷实施方案,明确相关部门、金融机构的工作职责和任务,全面落实建档立卡贫困户5万元以下、3年期以内、免担保免抵押、基准利率放贷、财政贴息、县建风险补偿金的扶贫小额信贷政策,切实解决了贫困户贷款难的问题。二是全力打造诚信环境。盐池县开展扶

贫先扶志，治穷先治愚，脱贫先脱旧的"三先开路话脱贫"活动，改善农村信用环境。三是创新"631"评级授信办法。盐池县改变银行原有评级授信标准，将贫困户的诚信度占比提高到60%，家庭收入占30%，基本情况占10%，根据评级结果确定授信额度，解决了贫困户因缺乏实物资产无法通过银行评级授信的问题。同时，盐池县根据滩羊产业发展周期较短等特点，有针对性地为群众量身定做"富农卡"金融信贷产品，农户一次授信，3年内随用随取，不用时不产生利息。四是建立四级信用体系。盐池县面向所有农户进行评级授信，建立了乡、村、组、户四级信用评定体系，将60%诚信度细化为10%的精神文明建设和50%诚信度，家庭收入30%和基本情况10%占比不变，将全县所有农户的信用情况分为4个信用等级，实行政银社民四位一体共同评定、共同认可、共同应用，信用等级越高，享受贷款优惠越多。五是放宽贷款条件。针对建档立卡贫困户贷款年龄受限、60岁以上无法贷款的问题，政府积极与各家银行协商，将具有劳动能力、有发展意愿、参加保险的贫困户申贷年龄放宽至65岁，互助资金贷款年龄放宽到70岁；对非恶意的"黑名单"建档立卡贫困户进行二次授信，按照程序、分步释放。全县共释放"黑名单"建档立卡贫困户968户，发放贷款达6984万元。六是提供便民服务。针对全县地广人稀、群众居住分散的特点，盐池县在全县8个乡镇设立了14个便民服务网点，102个行政村设立了193个金融便民服务终端，切实让群众足不出户就能适时办理免费转账、随时还贷、清息、缴费等业务。同时开通了养殖户手机银行，养殖户销售滩羊通过手机即可结算，既方便又安全。截至2019年年底，全县扶贫小额信贷贷款余额6.05亿元，符合贷款条件的贫困户实现了"应贷尽贷"。

2. 创新产融结合，保障贷款用途

盐池县出台了"1＋4＋X"特色产业扶持政策，发展以滩羊为主导，黄花菜、小杂粮、牧草、中药材为辅助，乡镇多种经营产业为补充的特色产业。为了使盐池滩羊产业可持续稳定发展，盐池县将滩羊产业作为全县脱贫富民的主导产业，组建滩羊产业发展集团和县乡村三级滩羊协会，制定了滩羊饲喂、屠宰、加工等 27 项标准，开发了盐池滩羊基因鉴定技术，在全国 40 个大中城市建立营销网络，与阿里巴巴、盒马鲜生、京东商城进行战略合作。盐池滩羊肉连续 4 年登上国宴餐桌，市场价格稳步提高，外销量明显增加。盐池滩羊肉品牌价值稳定在 68 亿元，滩羊年饲养量稳定在 300 万只，滩羊肉初始价格由 2015 年的每千克 30 元提高到 60 元。同时，根据群众发展实际，开发了黄花菜、牧草、小杂粮、中药材 4 个辅助产业，目前累计种植黄花菜 8.1 万亩、中药材 6 万亩、小杂粮 44.2 万亩、优质牧草 10 万亩以上。以滩羊为主导的特色产业对群众增收贡献率达 80% 以上，全县农民人均可支配收入由 2014 年的 6975 元增加到 2018 年年底的 10684 元。在此基础上，盐池县坚持因户因人施策，出台小品种产业扶持政策，黑毛猪、滩鸡等适合家庭经营的小品种迅速发展，户均增收 1500 元以上，为全县脱贫攻坚工作奠定了坚实的基础。

3. 建立风控网络，防范贷款风险

为了保证群众能够及时还款，进一步降低金融机构风险，调动其积极性，盐池县探索建立了风险补偿合作机制完善金融扶贫风险防控网络。一是建立政府风险补偿基金。出台了《盐池县建档立卡贫困户扶贫小额信贷风险补偿基金管理办法》，与承贷银行建立风险补偿合作机制，向各承贷银行整合注入 8000 万元扶贫小额信贷风险补偿金，对贷款群众因重大灾病等不可抗力因素造成不能偿还的，由风险补偿金和银行按 7：3 的比例分担，降低银行借贷风险。二是严把评级授信关口。盐池县明确评级授信对象为有发展意愿、有创业能力、有产业项目、有良好信誉的贫困户。出台贫困户评级授信管理办法，实行"一次摸底、四级评审、两轮公示"制度（"一次摸底"即由扶贫办、金融机构、乡村组成评审小组，对贫困户进行逐户摸底调查；"四级评审"即由行政村、县扶贫办、金融机构、人民银行逐级评审；"两轮公示"即村"两委"公示、金融机构公示），确保扶贫小额信贷政策惠及真正需要贷款发展的贫困户。三是强化金融信贷监督。盐池县建立了"金融扶贫管理系统"平台，将贫困户信用评级、贷款情况、银行放贷情况等信息及时录入系统，实行扶贫贷款月统计、季通报、年考核制度，由扶贫办、人民银行、各金融机构组成联合工作组，对贷款数据进行分析整理，及时协调解决问题，合力防控信贷风险。四是创新推出扶贫保险。盐池县推动商业保险与产业发展、市场需求有效融合，创新推出了扶贫保险，将贫困户扶贫小额信贷保险费率由 4‰ 调整为 1.8‰，既减轻贷款户的负担，又为信贷户提供了意外伤害风险保障，对出现意外死亡贷款户，按照保险条款进行赔付。

4. 加强监测预警，规范贷款管理

盐池县通过采取精准统计、统筹协调、全面分析等方式，开展扶贫小额信贷月监测统计工作，取得明显成效。一是精准监测，实现金融统计数据共享。盐池县利用智慧扶贫综合管理服务平台，获取贫困户家庭基本情况、家庭成员信息、家庭财产收支信息，并从金融保险机构采集贫困户贷款、保险信息，最终形成以县级为单位的金融扶贫数据库，实现了县、乡、村、户 4 级数据共享，及时监测各银行和各乡镇扶贫小额信贷工作开展情况。二是统筹协调，实现金融数据网络统计。盐池县统筹协调相关部门，由几家银行共同建设，形成以数据采集、分析、管理为一体的全县扶贫小额信贷数据库，清晰地掌握全县分乡镇，分银行统计贷款的数据，并实时更新，横向使各家银行比服务，纵向使各乡镇比工作，为县委政府决策提供依据。三是全面分析，实现金融风险科学预警。盐池县根据每月扶贫小额信贷贷款情况，从信贷发放、工作运行、扶贫效益等方面，全面分析扶贫小额信贷进展情况，建立了"红黄绿灯"扶贫小额信贷风险预警机制，及时掌握贫困户的收入、信用、贷款用途及还款等情况，通过"金融扶贫管理系统"，及时更新家庭财产信息、收支数据、第三方平台数据、信用情况，及时做出结本清息还款预警，实现了监测信息的科学管理。

【经验启示】

1. 建立"评贷用还"工作体系，发挥协同效应

盐池扶贫小额信贷工作在"贷得到、用得好、还得上"等方面均有建树，针对扶贫小额信贷的"评、贷、用、还"各阶段都建立了系统性的工作机制，分别推出了"631"评级授信方法、四级信用诚信体系，推行"1＋4＋X"特色产业扶持政策，建立风险防控网络，各个系统实施到位，协同配合，从而提高了扶贫小额信贷工作的整体效果。

2. 因地制宜选准主导产业，充分发挥政策资金优势

脱贫靠产业，产业靠金融。选对优势产业，才能更好地发挥扶贫小额信贷的政策优势，提高脱贫质量。盐池县根据自身资源条件，引导贫困户发展以滩羊为主导，黄花菜、小杂粮、牧草、中药材为辅助，乡镇多种经营产业为补充的特色产业，将扶贫小额信贷的资金优势有效转化为资本优势、产业优势和脱贫实效。

3. 创新推出扶贫保险，持续巩固脱贫成效

做好风险防控是推动金融扶贫健康发展的关键。盐池县不仅建立政府风险补偿基金，有效降低银行风险，还将商业保险与产业发展、金融扶贫有效融合，创新推出了扶贫保险。贫困户可以根据自身发展需求购买人身保险和财产保险，政府给予保费补贴，既兜住了因病因灾因意外致贫返贫底线，又为贫困户发展产业增收脱贫保驾护航。

福建省屏南县针对贫困户在发展生产和脱贫致富中存在的"贷款担保难、贷款办理不便捷、银行服务成本高"等问题，建立扶贫小额信贷的线上服务平台和线下服务队伍，搭建扶贫小额信贷数据服务体系，提升了扶贫小额信贷投放效率和风险防控能力，有效推动了金融扶贫工作开展，促进贫困户增收脱贫。截至2019年年底，屏南县累计发放扶贫小额信贷1.8亿元，建立了26个产业扶贫基地，培育216家带贫减贫经济实体。

『线上线下』服务，提升工作效率

——福建省屏南县案例

【背景介绍】

屏南县位于福建省东北部，人口 20.53 万人，是典型的山区农业县，重点产业包括蔬菜、食用菌、水果、茶叶、中药材、畜牧、水产、林竹花卉等 8 大农业特色产业和乡村旅游业。屏南县扶贫工作主要是建立开发式扶贫与保障性扶贫并重机制，解决因病致贫返贫问题，建立稳定脱贫长效模式。针对贫困户在发展生产和脱贫致富中存在的"贷款担保难、贷款办理不便捷、银行服务成本高"的问题，屏南县建立了扶贫小额信贷的线上服务平台和线下服务队伍，搭建扶贫小额信贷金融数据服务体系，便捷、有效发放扶贫小额信贷，支持扶贫产业发展，有力地推动了贫困户全面增收脱贫。

【做法成效】

1. 搭建扶贫小额信贷服务平台，汇总分析多种数据

屏南县在使用"全国扶贫小额信贷信息系统"导入、查询、统计贷款发放、使用、还款、逾期等信息数据的基础上，开发了"扶贫小额信贷服务平台"，集成了"帮扶管理、成员管理、产业管理、信息采集、评级授信、贷款审批"6 个相互关联的模块，拓展扶贫小额信贷的管理指标。"扶贫小额信贷服务平台"审核后的数据再导入"全国扶贫小额信贷信息系统"，确保扶贫小额信贷数据真实、精准。信息系统强大的"信息查询""统计报表"功能，增强了管理的规范性和实效性。

屏南县通过使用"全国扶贫小额信贷信息系统"和"扶贫小额信贷服务平台"实现了扶贫小额信贷业务流程统一、信息规范、服务高

效、管理便捷。一是信息采集，高效便捷。屏南县"扶贫小额信贷服务平台"通过整合各部门"碎片化"信息和农村"熟人社会"信息，多渠道、立体式收集贫困户信息。"扶贫小额信贷服务平台"主要指标与"全国扶贫小额信贷信息系统"指标相对应，与扶贫小额信贷业务指标相适应。通过比对导入各部门涉及贫困户的信息，在"信息采集"模块实时录入贫困户的动态信息，有效解决了贫困户贷款信息不对称的难题。二是贷款审核，客观全面。贷款审核信息包括贫困户家庭情况、帮扶措施、产业状况、个人信用等多样化信息，为扶贫小额信贷精准到户夯实了工作基础。依托"大数据"建立贫困户评级授信指标体系，将个人品德、生产能力、家庭和睦、供养人口、增信资产等5个方面的信息，分解为16个可量化指标，以得分平均值对贫困户5万元以内的贷款预授信。贷款预授信把精准扶贫理念植入精准信贷，综合贫困户内生动力、生产能力、贷款项目核定贷款额度，避免"过度"贷款。三是项目帮扶，控险提效。屏南县"扶贫小额信贷服务平台"的"产业管理"模块记录了贫困户生产经营的主要指标。"信息采集"模块通过金融扶贫协理员和包户干部适时采集贫困户生产经营动态信息，同时应用GPS和谷歌地图技术，准确定位贫困户生产经营地址，提高了扶贫小额信贷项目的管理效率。通过手机短信通知功能，乡镇扶贫干部随时随地掌握贫困户生产经营动态和发展需求，既能获得贷款风险的提前预警，又能针对贫困户生产经营问题提供管理、技术、营销等服务。

2. 建立金融扶贫协理队伍，持续提供精准数据

屏南县将农村"熟人社会"与乡村治理相融合，在村"两委"、农村经济能人中选聘金融扶贫协理员，每个建制村选聘2～5人，在全县建立了一支463人的金融扶贫协理员队伍，开展金融扶贫志愿服务。金融扶贫协理员利用"熟人社会"的信息优势，发挥了"三大员"的作用,通过"扶贫小额信贷服务平台"持续提供贫困户调查、贷款项目帮扶对接、贷后管理等方面的精准数据,实现了扶贫小额信贷信息"线上""线下"的有效协同。一是贷款调查员,确保信息真实客观。在农村"熟人社会"中,土生土长的金融扶贫协理员对贫困户知根知底,相对容易了解贫困户个人品德、生产能力、生产经营情况,能够为贷前调查提供第一手信息。金融扶贫协理员、包户干部、政府部门三方提供的信息整合汇总后形成的贫困户贷款信息更完整、更真实。金融扶贫协理员提供贷前调查信息的方式既解决了金融机构信贷人员不足的问题,也降低了金融机构贷款调查成本。二是项目指导员,促进帮扶有效增收。作为村"两委"或"能人"的金融扶贫协理员在扶贫小额信贷工作中发挥了直接带动或对接服务的作用,实践中建立了"党支部＋产业＋贫困户""产业基地＋经济实体＋贫困户"等扶贫带动模式。三是还贷催收员,防范贷款风险漏洞。"扶贫小额信贷服务平台"设置还贷提醒功能,在贷款到期前60天、前30天、前10天、前5天分别通过短信通知贷款贫困户和金融扶贫协理员。金融扶贫协理员具有相当强的"熟人社会"影响力,对扶贫小额信贷出现的道德风险能够起到很好的约束作用,还可以帮助生产经营失利的贫困户周转还贷。金融扶贫协理员在协同县金融服务中心化解贷款风险工作中充当了一个称职的催收员角色。

3. 精准分析扶贫数据,降低风险促还贷

屏南县通过"贫困户申请贷款,村金融协理员、乡镇扶贫专干审查、审核贷款,促进会、银行审批贷款"的业务模式,积累了贫困户产业扶贫多维度数据,形成了数据库。工作人员可以根据数据库中贷款项目的产业基础、市场动态、贫困户能力、预期收入等数据评估贷款项目风险,提前预警处理。2015年以来,屏南县扶贫小额信贷没有发生一笔坏账。

4. 授权小额信贷促进会，灵活提供专业服务

按照"政府搭台、银行主导、社团协理、市场取向"的原则，屏南县政府搭建三级联动服务平台，县财政局、县扶贫办建立信贷风险补偿金1600万元，省财政予以年度担保贷款日均余额1.6%的风险补偿，支持、指导、规范社会团体法人屏南县小额信贷促进会开展扶贫小额信贷免担保抵押管理服务。屏南县小额信贷促进会接受政府监管，具有社会参与、管理灵活、服务专业的优势。

截至2019年年底，屏南县累计发放扶贫小额信贷1.8亿元，受益贫困户1247户，无不良贷款。同时，屏南县建立了26个产业扶贫基地，培育了216家带贫减贫经济实体，全县39个建档立卡贫困村全部实现"摘帽"退出，1896户6991个建档立卡贫困人口全部脱贫，农民人均可支配收入增幅连续3年高于全省平均水平。

【经验启示】

1. 业务全流程网络化，确保扶贫小额信贷服务高效便捷

随着扶贫小额信贷工作的深入，需要通过信息化技术来推动扶贫服务高水平发展。屏南县开发的"扶贫小额信贷服务平台"通过"帮扶管理、成员管理、产业管理、信息采集、评级授信、贷款审批"6个功能模块，对"评、贷、用、还"全流程工作进行网络化、数据化管理，确保扶贫小额信贷操作规范、服务便捷。

2. 熟人队伍提供一手数据，解决扶贫小额信贷信息不对称问题

农村是熟人社会，相比金融机构，村民彼此之间更加熟悉，了解各自情况。屏南县利用这一特点，建立由村民组成的金融扶贫协理员队伍，专门提供扶贫小额信贷贷前调查所需的贫困户一手数据，与包户干部、政府部门提供的数据在扶贫小额信贷服务平台汇总，供评级

授信和风控分析使用，提高了贫困户贷款信息的真实性，降低了调查成本，解决了金融机构进行评级授信和风险防控的信息不对称问题。

3. 建立多维度扶贫数据体系，提升资金使用效率和风控能力

数据就是生产力，扶贫小额信贷网络信息平台积累的扶贫数据越多、越完备，越能及早发现问题，提高预测能力、发挥指导作用。屏南县通过"扶贫小额信贷服务平台"整合政府部门"碎片化"信息和农村"熟人社会"信息，多渠道、立体式收集贫困户信息，形成了包含贫困户个人情况和贷款项目等超过 20 个维度的扶贫数据体系，通过建模分析，实现系统对贫困户综合信用、项目风险、还款能力等关键指标的自动评估和风险预警，提升了扶贫小额信贷资金投放效率和风险防控能力。

打造「13514」服务体系，破解五大贷款难题

——湖北省十堰市郧阳区案例

　　湖北省十堰市郧阳区针对金融扶贫政策落实中的"五个不"难题（贫困户"不愿贷""不便贷""不能贷""不敢贷"和银行担心"不好收贷"），创新"13514"扶贫小额信贷服务体系，"1"即出台一个实施方案；"3"即建立区、乡、村三级金融服务体系；"5"即创新受理申请、收集资料、入户调查、集中会签、发放贷款五个步骤；"1"即推出一张保额为2亿元的扶贫小额信贷综合性大保单；"4"即建立专班清收一批、保险理赔一批、过桥处理一批、依法清收一批"四个一批"清收工作机制，有效推动扶贫小额信贷工作落地，取得了良好效果。

【背景介绍】

湖北省十堰市郧阳区是集老、少、边、贫、库于一体的国家级贫困县。全区总人口 63 万人,农业人口 45.89 万人,建档立卡贫困人口 48592 户 163473 人。长期以来,当地农村金融主要存在"五个不"的难题,发展比较缓慢。一是贫困户习惯小打小闹,受传统不欠账思想影响"不愿贷";二是贫困户评级授信级别低、银行贷款手续多、银行审批程序严"不便贷";三是贫困户作为弱势群体,名下资产差,产业弱,收入低而"不能贷";四是贫困户普遍文化程度低,金融知识少,平时不与银行打交道,怕银行不给贷。加之该区农业产业受自然条件影响较大,贫困户担心发展产业失败,还不起款"不敢贷";五是多数银行乡镇网点少,一线服务人员少,覆盖不了贫困户,银行担心"不好收贷"。2015 年,郧阳区启动扶贫小额信贷工作。政府牵头银行、保险公司创建了"13514"扶贫小额信贷服务体系,有效解决了上述难题,推动了扶贫小额信贷工作落地。到 2019 年年底,累计发放扶贫小额信贷 3.2 万户(次)7.5 亿元,累计户贷率由不足 0.01% 提高到 68.88%,到期还款率稳定在 99.9% 以上。

【做法成效】

"1",出台一个实施方案。2017 年 3 月郧阳区出台《郧阳区开展扶贫小额信贷业务实施方案》,首次提出并落实"5 万元以下、3 年期以内、免担保免抵押、基准利率放贷、财政贴息、县建风险补偿金"6 个政策要点,区财政筹集 7000 万元设立扶贫小额信贷风险补偿金,用于补偿银行贷款损失。

"3"，建立三级金融服务体系。郧阳区成立了全覆盖的"村级金融精准扶贫工作站"，村支部书记担任"村级金融精准扶贫工作站"站长，专职驻村帮扶工作队长、主办银行信贷员、保险公司代理员担任"村级金融精准扶贫工作站"副站长，把扶贫小额信贷贷前调查部分业务权限下放给村支部书记和驻村扶贫工作队长。主办行主动下沉一线上门服务，信贷员下村精准对接贫困户实际需求，根据贫困户的需要快速放贷。按照银行工作规律，通过制定统一流程，在未增加网点建设成本、未增加管理人员支出的情况下，将"村级金融精准扶贫工作站"变成银行柜台的延伸。在教会贫困户办理贷款、使用好资金、确保还款等方面，"村级金融精准扶贫工作站"起到了显著的作用。乡镇设立金融扶贫专干，每日收集汇总辖区内的贷款信息，清单式报区会签中心。区级组建扶贫小额信贷会签中心，内设资料受理区、信息比对区、人行初审区、部门复审区、保险出单区、银行审贷区，抽调专人集中办公，即报即审即签。

"5"，创新贷款流程。郧阳区优化贷款办理流程，实行一站式服务、一次性办结、一周内放款，原来多达13项的贷款流程压缩为5项，所需24件资料简化为11件，贷款贫困户过去至少跑五趟腿变为只跑一次路、只签一次字、贷款不出村。具体贷款流程分为五步：第一步，受理申请。村级金融扶贫工作站受理贫困户的贷款申请。第二步，收集资料。村级金融扶贫工作站帮助主办银行收集贷款申请资料、协助开展贷前调查、普及基本金融知识。第三步，入户调查。主办银行到村开展现场录音录像工作，组织群众进行一次面签。第四步，集中会签。资料收集齐全、村评贷委员会初审后，以村为单位直接报镇扶贫专干和区扶贫小额信贷会签中心审签。第五步，发放贷款。所有审核通过的贷款以村为单位集中发放，第一时间发放到贫困户手中，并在全村和网上公示，接受群众监督。

"1"，推出一张大保单。郧阳区与中国人民财产保险股份有限公司合作，签订全国第一张保额为2亿元的扶贫小额信贷综合性大保单，涵盖种植业养殖业保险、价格指数保险、借款人意外保险、贷款信用保证保险等全方位、一揽子保险产品。按照贷款保证保险保费2%，意外伤害保险保费0.5%的标准，将保险公司收取的保费建立保险资金池，全额用于理赔，当资金池资金不够支付时，财政再给予补充；政府购买保险公司服务，保险公司进行理赔工作。

"4"，建立"四个一批"清收工作机制。一是专班清收一批。郧阳区采取"大集中、小分散"上门宣传、下发贷款清收单、日清周结、周五专题会等方式入村入户清收到期贷款。二是"过桥"处理一批。对因生产周期与贷款期限不匹配，或因生产经营亏损暂时无力偿还、讲诚信的贷款贫困户，郧阳区扶贫专业合作社提供过桥资金，帮助贫困户解决临时还款难题。三是保险理赔一批。一旦发生逾期3个月的贷款，政府、银行、保险按照1：2：7的比例承担风险。由主办银行与保险公司直接对接，保险公司除因借款人死亡或意外伤残无法还款的给予全额赔付外，其他情况按照贷款损失金额的70%予以赔付。四是依法清收一批。对恶意欠贷的，利用法律手段提起诉讼，依法清收，确保应收尽收。

郧阳区通过扶贫小额信贷有效引导贫困户发展"1+2+N"脱贫产业，全区发展香菇3000万棒，建设产业基地50余万亩，畜禽存栏550万头（只），新培育能人大户4160余个。郧阳区贫困户人均可支配收入从2014年的4600元增长到2018年的6500元。由于金融扶贫的强力支撑,到 2019 年年底全区累计减贫 48519 户 160913 人,存量贫困人口降至 353 户 938 人,贫困发生率降至 0.21%,如期实现脱贫摘帽。

【经验启示】

1. 以问题为导向,破解扶贫小额信贷政策落地难题

扶贫小额信贷政策出台之初,在落地过程中必然存在一些问题。在推进扶贫小额信贷过程中要坚持问题导向,建立工作机制,协调各方资源,提供解决方案。郧阳区采用三级服务模式、创新贷款流程、一张大保单、"四个一批"清收机制等行之有效的办法,逐一解决"不愿贷、不便贷、不能贷、不敢贷、不好收贷"等五大典型问题,将扶贫小额信贷工作落到了实处。

2. 压实政策落地主体责任,发挥村、乡镇基层组织关键作用

在扶贫小额信贷政策落地过程中,村、乡镇扶贫部门起到直接服务贫困户的关键作用。郧阳区一方面将村包户干部、乡镇包村干部、专职扶贫工作队、村"两委"等扶贫力量整合到村级金融扶贫工作站,为贫困户贴身服务,另一方面明确要求乡镇承担起扶贫小额信贷的管理责任,要求乡长、镇长主抓,建立通报、批评机制,同时建设信用乡镇、信用村。银行有权根据乡镇、村的扶贫小额信贷风险情况调整下一年度贷款额度,有效调动了村、镇组织投入扶贫小额信贷工作的积极性。

3. 采用综合保险和系统化清收方式,解决还得上、可持续问题

建立有效的风险防控措施是确保扶贫小额信贷可持续发展的关键,有效的保险服务和系统化的清收工作能够显著降低资金风险。郧阳区与人保财险公司合作推出综合性大保单弥补了扶贫小额信贷资金安全的风险短板。同时建立"四个一批"清收工作机制，根据贫困户不同情况，采取灵活清收措施，降低逾期风险，及时收回贷款，确保扶贫小额信贷"还得上、可持续"。

四川省巴中市为解决扶贫小额信贷推广过程中出现的贫困群众参与度不高、信用评级不规范、贷款额度不受限、产业选择不灵活、资金使用不精准、贴息还款不主动等问题，采取干部驻村、技能培训、产业培育、风险防控、特惠到户等系列措施，建立起"评信用群众议、贷多少群众提、怎么用群众定、怎么还群众知"的工作机制，贫困群众全程参与"评贷用还"各个环节，培养了贫困群众自主发展的主体意识，增强了自我发展能力，实现了扶贫小额信贷资金"贷得到、用得好、收得回、可持续"的目标。

贫困群众全程参与，激活发展内生动力

——四川省巴中市案例

【背景介绍】

巴中市是革命老区、秦巴山区、边远贫困地区"三区叠加"的落后区域，是四川省除深度贫困地区外脱贫攻坚任务最重的市。全市共有建档立卡贫困人口 49.4 万人，贫困村 699 个，5 个县（区）全部属于国家级或省级贫困县和片区县。针对部分贫困户"贷款难"的现状，巴中市在大力推行扶贫小额信贷政策过程中积极发挥贫困群众主体作用，建立起"评信用群众议、贷多少群众提、怎么用群众定、怎么还群众知"的工作机制，坚持贫困群众全程参与"评贷用还"各个环节，实现扶贫小额信贷资金"贷得到、用得好、收得回、可持续"的目标。

【做法成效】

1. 评信用群众议，帮助贫困群众了解评级流程和指标体系

评级是授信的基础，只有在评级过程中反映贫困户的真实评价信息，才能让扶贫小额信贷资金贷得准、落得实，破解银行贷款"风险高"的难题。为了增强贫困户信用意识，精准确定有发展生产能力、有贷款资格的贫困户，巴中市坚持自愿申请、民主评议、公开透明的原则，确定贫困户必须要有依托信贷支持实现自我发展脱贫致富的愿望并且自愿申请，方能参加评级授信。全市将评级授信 10 余项常规指标优化为 4 项，其中诚信度占 50%、家庭劳动力占 20%、掌握劳动技能情况占 20%、家庭人均纯收入占 10%，推动贷款授信由"主要看资产"向"主要看信用"转变。同时，把评级授信设定为 1~5 颗星共 5 个等级，即 60 分为 1 星、61~70 分为 2 星、71~80 分为 3

星、81～90 分为 4 星、91～100 分为 5 星，分别对应 1 万～5 万元的授信额度，60 分以下则不予授信。通过宣传发动、贫困户申请评级授信、村风险控制小组开展评级、乡（镇）汇总、银行核准授信、授信信息公示等流程，整个评级授信各环节让贫困户全程参与，保障知情权、参与权、监督权。信用评级确定后，让贫困户在授信额度内合理选择发展项目，鼓励贫困户"有贷有还"，积极提升自身的信用等级，从而获得更大的授信额度。目前，巴中市已有 14.4 万户贫困户获得信用评级，13.85 万户贫困户获得授信，授信金额达 37.74 亿元。

2. 贷多少群众提，保障贫困群众合理使用授信额度

评级授信后，贫困户申请使用扶贫小额信贷需要结合实际发展需求确定贷款额度，防止全部按照最高授信额度贷款，避免信贷资金闲置浪费。由于扶贫小额信贷无需担保和抵押，贫困户只要确定发展项目，通过贫困户申请、村风控小组审核、客户经理实地调查、借款人签字等贷款申请程序，在授信额度内可自由确定贷款金额，实现贷多少群众自己说了算。南江县兴马镇庙坪村贫困户王某的授信被评为 3 颗星，可以申请贷款 3 万元。2015 年，王某申请扶贫小额信贷 2 万元，连续两年养巴山土鸡 1000 余只，获得纯收入 2 万余元。2017 年年底，他提前将 2 万元贷款归还，后来又养巴山土鸡 1200 余只，实现了脱贫。在实施过程中，为了方便贫困户获取贷款资金，循环使用授信额度，巴中市农村信用联社、农业银行等机构按照分片包干的原则，在各自责任区的每个贫困村都建立了金融便民服务点，全市新增助农取款点 699 个，打通金融服务"最后一公里"，改善了贫困村金融服务环境。截至 2019 年 12 月底，巴中市累计向 4.34 万户（次）贫困户投放扶贫小额信贷 20.78 亿元，已有 2.25 万户（次）贫困户及时归还到期贷款 8.35 亿元，贷款余额 12.43 亿元。

3. 怎么用群众定，实现贫困群众灵活选择产业项目

选择合理的产业项目是发展生产、实现脱贫增收的前提。巴中市充分考虑贫困户致贫原因、自身能力和生产条件，由驻村帮扶干部、农技人员指导贷款贫困户理性选择发展产业的种类与规模，配备专业人员长期给予技术指导，帮助贫困户发展产业促增收。通江县火炬镇积极组织扶贫小额信贷贷款贫困户参与产业项目，抱团发展，共发展茶叶 1500 余亩、核桃 7000 余亩、脱毒马铃薯商品基地 3000 余亩和 2 个空山黄牛集中养殖场；因地制宜规划了小种植、小养殖、小加工、小经营的"四小"庭院经济，养殖小家禽 10 多万只、商品猪 2000 余头，确保了扶贫小额信贷资金用得好、起作用、生效益。南江县南江镇金碑村贫困户杨某，2015 年从农村信用社申请获得扶贫小额信贷 3 万元，承包山林 15 亩，养殖巴山土鸡 2000 余只，当年纯收入就达到 2 万多元。平昌县青凤镇赵垭村贫困户刘某申请获得 3 万元扶贫小额信贷，积极参加养殖培训，掌握养殖技术，2015 年养鸡 400 余只、养鱼 500 余尾，2019 年养鸡 2000 余只、养鱼上万尾，成为全村有名的养殖大户。据不完全统计，通过扶贫小额信贷资金支持，巴中市贫困户发展巴山土鸡、青峪猪、南江黄羊、通江银耳、青花椒等特色种养业 3.1 万户，发展销售、运输、产品加工等其他经营性业态 0.64 万户，户均实现增收 5000 元/年，有效带动了 13.6 万贫困人口脱贫。

4. 怎么还群众知，督促贷款贫困户按期还款和防范风险

巴中市建立起先结息再贴息、多级多部门审核的财政贴息模式，确保扶贫小额信贷贷得到、用得好、还得上。主要做法是，驻村帮扶干部监督贫困户将贷款资金用于生产发展的项目，督促贫困户按期结息和偿还贷款。贫困户采取按月或按季结息方式，通过贫困户申请、村收集初核、乡镇初审、扶贫部门和人民银行审核确认、县财政部门

复核的程序，确保贫困户贷款资金用于合同约定的生产发展项目后，再将财政贴息资金打入贫困户账户，对于未还贷款或产生逾期贷款利息、加息和罚息的贫困户则不予贴息。为此，巴中市制定出台《扶贫小额信贷风险防控操作指引》，运用"催收为主，其他方式为辅"的办法清收贷款。综合采取"四个一批"（对能够及时偿还的动员到期还款一批，对仍有资金需求或确因非主观因素不能按期还款的分别办理续贷、展期一批，对借款人意外死亡或产业发展失败等特殊情况根据政策规定启动风险代偿一批，对有还款能力但恶意逃废债的实行司法追收一批）措施，分类处置。同时，细化每项措施的操作流程、时间节点、责任人员，有效防止出现大面积信贷风险。

【经验与启示】

1. 前提在贫困群众深度参与，扶贫小额信贷政策才能落地生根

扶贫小额信贷的服务对象是贫困户，只有让贫困户了解和运用扶贫小额信贷政策，积极利用政策资金，才能借鸡下蛋，加快发展，最终实现脱贫致富。巴中市采取评信用群众议、贷多少群众提、怎么用群众定、怎么还群众知等形式，引导贫困户全程参与扶贫小额信贷工作，充分体现了贫困户在脱贫攻坚中的主人翁地位，有效激发了贫困户的内生动力。

2. 关键在贫困群众因需申贷，扶贫小额信贷资金才能合理利用

巴中市开展星级授信办法，对授信贫困户的具体贷款金额不与授信额度简单挂钩，而是先由贫困户根据自身发展产业项目的实际需求提出合理的贷款金额，再由村风控小组和承贷银行确定贷款额度，既满足了贷款贫困户发展生产的需要，又降低了信贷资金闲置浪费的风险，确保了贷款资金得到充分利用，实现效益最大化。

3. 根本在贫困群众自主用贷，扶贫小额信贷项目才能发展生效

巴中市坚持在扶贫小额信贷的项目投向上不搞"一刀切"，贷款用于发展什么样的产业由群众自己做主。驻村帮扶干部、经营主体和专业技术人员负责提供产业规划指导，传授专业技术，帮助贫困户解决"产、供、销"难题，切实做到分户规划、因户施策，满足贫困户"想发展啥就发展啥"的愿望，贫困群众发展产业的热情受到尊重和保护，极具个性的小微产业竞相迸发。

探索『三级四员五步』工作法，推动扶贫小额信贷健康发展

——湖南省宜章县案例

为解决扶贫小额信贷推行之初遇到的金融机构"不敢贷"、贫困户"不愿贷"等问题，湖南省宜章县围绕"贷得到、用得好、收得回、可持续"目标，按照"政府主导、银行主体、市场运作、稳步推进"的工作思路，认真落实扶贫小额信贷各项政策，探索了"三级平台、四员帮扶、五步风控"金融扶贫做法和风险防控"红黄蓝绿"预警机制，精心组织扩大信贷规模，精准服务加快产融结合，精细管理防控风险，精进提升保证持续发展，打通金融扶贫"最后一公里"。

【背景介绍】

宜章县是湖南"南大门"，人口 65.47 万人。2011 年宜章县被列入国家集中连片特殊困难地区（罗霄山片区）扶贫开发工作重点县，2015 年被列入湖南省第二批金融扶贫推进试点县。但在扶贫小额信贷工作推进之初，政策落实遇到很多困难，一是金融机构担心贫困户产业发展失败，贷款收不回，不敢贷。二是贫困户担心还不起贷款，不愿贷。扶贫小额信贷启动半年多时间，全县总共投放 200 多万元，政策没有真正有效落地。为此，宜章县坚持问题导向，在广泛调研的基础上，探索了"三级平台、四员帮扶、五步风控"金融扶贫模式，促进扶贫小额信贷与产业发展深度融合，帮助广大贫困户发展产业、增收脱贫，有力推动了脱贫攻坚。2019 年 9 月，宜章县获评全国脱贫攻坚奖组织创新奖。

【做法成效】

1. 建立"三级"服务平台，确保贷得到、方便贷

宜章县成立了由县委书记任组长的金融扶贫工作领导小组，建立了县金融扶贫服务中心，由县政府分管扶贫工作的副县长任中心主任，构建了"县、乡、村"三级服务平台，即县设立金融扶贫服务中心，19 个乡镇设金融扶贫服务站，246 个行政村设服务点。广泛宣传"5 万元以下、3 年期以内、免抵押免担保、基准利率放贷、财政全额贴息"政策，确保扶贫小额信贷政策家喻户晓。建立 4500 万元的风险补偿金，出台尽职免责办法，消除银行和信贷员的顾虑。宜章农商银行将贷款审批权限下放到乡镇支行，乡镇支行增设扶贫小额信贷专

柜。宜章县将评级授信指标由正常商业贷款的8项精简为"诚信度、劳动力、家庭收入"3项，按照4：3：3的比例量化计分，授予相应贷款额度。同时，在各行政村设立"1+4"工作站，即以"党群连心站"为龙头，融合"好人工作站"、金融扶贫服务站、助农取款点、电商服务站为一体，实行申报、审批、协议、获贷、取款"一站式"服务，3个工作日内即可发放贷款。截至2019年12月底，全县共为贫困户发放扶贫小额信贷11781笔4.8亿元，贷款余额1622笔0.64亿元，获得贷款的贫困户占有效授信户数的64%，贫困户获贷率居湖南省首位。

2. 实行"四员"跟踪服务，确保用得好、有效益

为保证扶贫小额信贷精准用于贫困户发展生产，促进产业发展可持续，宜章县建立了"四员"帮扶机制：一是信贷管户员。统筹协调各乡镇支行的信贷业务骨干，通过分片包村，担任每笔扶贫小额信贷的贷款管户员。全县信贷管户员共有59名，负责金融扶贫政策宣传、贷前调查、风险评估、评级授信、审批发放、资金监管及风险防控。二是产业指导员。统筹整合乡镇农技站、畜牧站、林业站等的技术人员，以及驻村扶贫工作队队员、第一书记、结对帮扶责任人、乡村干部，担任扶贫产业指导员。全县产业指导员共有246名，负责宣传产业扶贫政策，指导贫困户因地制宜选择产业项目。对有发展意愿、有劳动能力，但没有找到理想项目的贫困户，通过牵线搭桥，与其他有项目的农户抱团发展，实现贫困户"自愿组合、自有产业、自主经营、共同发展"。三是科技特派员。统筹协调省市"三区"科技人才和省、市、县科技特派员等各类科技人才力量，担任扶贫产业科技特派员。全县科技特派员共有92名，负责开展实用知识、适用技术培训和科技服务。四是电商销售员。筛选、培训各村具有一定文化程度、有从事电子商务销售经历、有较好沟通能力的年轻人员担任扶电商销售员。全县电商销售员共有 246 名，负责运营农村电商服务站平台，帮助贫困户、群众代销农产品。通过建立"四员"帮扶机制，有效地解决了用贷贫困户在发展生产中的难题。截至 2019 年年底，宜章县为贷款贫困户解决问题 1944 个，其中"四员"现场解决 1413个、服务中心调度交办解决 531 个。

3. 实施"五步"风险防控，确保还得起、主动还

2017 年以来，宜章县针对进入扶贫小额信贷到期还款高峰的实际，探索了风险防控"五步法"。第一步是宣传提醒到位。对即将到期的贷款，以放贷银行为主，乡镇、村、驻村扶贫工作队等配合，通过电话、短信、上门走访等不同形式提醒贷款户，让其准备好到期还款资金。第二步是全面排查预警。依托扶贫小额信贷管理系统，建立风险防控"红黄蓝绿"预警机制和"四提前"工作措施。根据用贷主体贷款到期时间、生产经营状况、还款能力等按"红、黄、蓝、绿"4 个等级对应一天、一周、一月、一季 4 个贷款到期时间段实施自动监测预警。第三步是及时化解风险。对贷款未到期，但用款主体违反借款合同约定、改变贷款用途等行为，贷款银行将及时报告县风险防控工作组。县风险防控工作组督促其整改，情节严重的，提前收回贷款。对于不合规发放的贷款，立即中止项目，提前收回贷款。短期内无法全部收回的，做好还款计划，分阶段收回。第四步是适度允许展期、续贷。对贷款即将到期，但贷款用途合规，经营正常、产业效益尚未体现，需要延期或仍有用款需求的贷款户，贷款银行联合扶贫部门对贷款户的还款能力进行重新评估、评审后，在风险可控和政策允许范围内合理办理展期或无还本续贷。第五步是分类处置逾期。对逾期贷款，按以下三种方式妥善处置：一是对因产业周期较长、项目尚未产生收益，暂时性还款困难造成逾期，但生产经营正常、还款意愿较好，且产业发展确实需要继续使用资金的，在风险可控的前提下，脱贫攻坚期内，可以还老贷新；二是对因天灾人祸造成逾期且已无偿还能力的，可以按程序启动风险补偿，予以核销；三是对用款主体有偿还能力，但因信用意识淡薄或其他原因造成逾期的，首先由乡村干部加强思想教育，当地政府与贷款银行联合上门催收，对少数恶意拖欠、批评教育多次不偿还的，依法强制清收。截至2019年12月底，全县累计到期贷款4.15亿元，其中到期收回4.11亿元、展期0.04万元。

4. 创新可持续发展新机制，确保可持续、稳增收

一是产业发展可持续。宜章县先后出台产业扶贫发展奖补政策文件14个，制定了6大类21条奖补措施，县财政每年预算安排5000万元产业发展奖补资金，按照扶贫产业规模、贷款额度以及吸纳贫困户用工情况，分别给予带贫主体一定的奖励和补助。二是政策支持可持续。湖南省在宜章县开展深化扶贫小额信贷政策试点，明确在脱贫攻坚期内，扶贫小额信贷及续贷、展期各项政策保持不变，已经还清扶贫小额信贷的贫困户，符合再次贷款条件的，可以多次申请扶贫小额信贷。宜章县共有1507户贫困户第二次获得扶贫小额信贷5989万元。三是内生动力可持续。宜章县每年开展金融扶贫信用户、信用乡镇评选表彰活动，并将评比结果作为安排涉农资金、确定信用等级和授信额度的重要依据。对按期归还贷款的贫困户按贷款额度的2%予以奖励。四是群众收益可持续。通过扶贫小额信贷，宜章县有劳动能力的贫困户拥有可持续的扶贫产业项目，产业发展成为贫困家庭脱贫增收的主要渠道。

【经验启示】

1. 整合多方力量，建立扶贫小额信贷工作体系

落实扶贫小额信贷政策，业务线广，专业性强，需要整合多方力量，协同推进，不能顾此失彼，眉毛胡子一把抓。宜章县将扶贫小额信贷工作拆分为"评、贷、用、还"4个环节，针对每个环节的工作目标和具体问题，探索建立了"三级服务平台""四员帮扶""五步风控工作法"和"红黄蓝绿预警机制"等解决办法，最终形成覆盖扶贫小额信贷"评、贷、用、还"全链条的高效工作体系。

2. 创新扶贫小额信贷服务形式，帮助贫困户顺利发展

扶贫小额信贷的使用主体是贫困户，但受文化、技术、市场等因素的影响，贫困户自我发展能力不足。在贷款发展的过程中会遇到各种具体疑难问题，需要专业人士的指导与支持。为此，宜章县创新扶贫小额信贷服务形式，建立了"四员"跟踪帮扶机制，组织信贷管户员、产业指导员、科技特派员、电商销售员专门解决贫困户在使用扶贫小额信贷过程中遇到的贷款管理问题、产业项目发展问题、技术应用问题以及产品销售问题，有效地解决了贷款贫困户在发展生产中的各类难题。

3. 明确主体责任和工作机制，提高风险防范效果

扶贫小额信贷不但要放得出，更关键的是要收得回。只有收得回贷款，才能可持续发展。宜章县明确了农商银行的主体责任，乡镇、村的属地管理责任及公、检、法、司等部门的联动责任，明确了"四提前"工作机制（支行、乡镇提前一个季度走访用贷户；提前一个月提醒用贷户做好还款筹资准备；提前一周提醒用贷户准备还款资金；扶贫小额信贷还款资金提前一天到位），对贷款贫困户开展"拉网式"核查，全面了解贫困户的生产经营情况，对还款有困难的贷款贫困户加强跟踪、监管和帮扶，避免发生金融风险。对有还款能力但等待观望的贷款贫困户、恶意拖逃还款的贷款贫困户分别采取主动上门清收、依法起诉等手段予以清收追缴，实现了到期贷款应收尽收。

以扶贫小额信贷为抓手，助推贫困户高质量脱贫

——重庆市奉节县案例

重庆市奉节县以扶贫小额信贷为抓手，构建金融扶贫服务体系，优化贷款流程，提高放贷效率，创新"贫困户＋农村电商""贫困户＋农企带动"发展模式，有效解决了贫困户有帮扶无手段、有产业无资金的脱贫难题，推动扶贫小额信贷健康发展。

【背景介绍】

奉节县位于重庆市东部,属长江三峡库区腹心,是重庆市贫困人口最多、贫困程度最深、脱贫攻坚任务最艰巨的地区之一。近年来,奉节县以扶贫小额信贷为现实抓手,建立完善金融扶贫信贷体系,创新"贫困户＋农村电商""贫困户＋集体经济""贫困户＋农企带动"发展模式,有效破解贫困户有帮扶无手段、有产业无资金的脱贫难题。2017年以来,奉节县累计为1.4万户发放扶贫小额信贷6.32亿元。截至2019年12月底,奉节县累计减少贫困人口34983户133653人,贫困发生率降至0.36%。2019年4月,重庆市人民政府决定奉节县退出国家扶贫开发工作重点县。

【做法成效】

1. 构建金融扶贫体系,确保贫困户贷得到

奉节县为解决扶贫小额信贷实施过程中遇到的大多数贫困户生产资料缺乏、耕种方式落后和农村信用体系缺失、信贷风险较高等现实问题,构建了金融扶贫、信用指标、风险防控三大体系。一是构建金融扶贫体系。奉节县建立了"政府＋银行＋保险＋贫困户"的精准金融扶贫支撑平台,配套出台了《奉节县精准金融扶贫产品创新方案》《奉节县金融扶贫支持产业发展工作实施方案》《关于加强扶贫小额信贷贷后管理的通知》等16个专项性政策文件,从政府增信、风险防控、政策激励等10个方面构建了较为完整的金融扶贫体系,通过"政银保户"深度融合、承贷银行和贫困户"零风险"对接,显著提高了银行放贷意愿和贫困户贷款积极性。二是构建信用指标体系。奉

节县出台了《奉节县扶贫小额信贷信用示范户（村）评选方案》，根据银行定量指标和社会管理定性指标，由县金融服务中心、县发展改革委、县财政局、县农委、县扶贫办、承贷银行六方，按 ABC 级联合确定贫困户信用等级，其中 A 级授信额度 5 万元，B 级授信额度 4 万元，C 级授信额度 3 万元；每年评选 3000 户信用示范户，优先享受扶贫小额信贷优惠政策，并实施"梯度增信"，在上年贷款金额的基础之上上浮 20％授信额度；每年评选 30 个信用示范村，每村可以申报一个 50 万～100 万元的基础设施、产业发展等资金奖励项目。三是构建风险防控体系。奉节县设立了扶贫小额信贷风险补偿基金 5457 万元，按每年每人 100 元的标准，为所有贫困群众购买精准脱贫保险。奉节县建立了政银联动、保险跟进、基金补偿等"多能合一"的风险缓释机制，制定了"户贷、户用、户还、严禁冒名借款、严禁违规用款"的"三户两严禁"贷用红线。贷前加强贫困户家庭状况、信用评级、贷款用途等信息审查；贷中实时督导、调度、把控贷款资金具体使用名目；贷后每月上门查看、跟踪调查、提前预警风险，最大程度保障资金安全。从银行资金流量监管情况看，贷款使用率达 100％，利息回收率达 100％。

2. 优化贷款流程，确保贷款放得快

奉节县为解决贷款调查核实成本高、信息收集效率低的问题，采用了"互联网＋贷款审查"新方式，优化信息调查、评级授信、放贷审批等流程，确保受益群众精准、放贷程序便捷。2017 年以来，扶贫小额信贷日均放款量达到 88.3 万元。一是优化信息调查流程。奉节县坚持精准识别、因户施策、宜贷则贷三项基本原则，每村组建"4＋1"（4 即乡镇包村领导、驻村工作队长、村"两委"负责人、帮扶责任人；1 即承贷银行工作人员）调查管理服务团队，共同对贫困户申贷资格进行调查，逐户核实产业规划合规性、申请贷款额度合理性等情况，工作人员随身携带平板电脑，运用扶贫小额信贷 App，实行"一站式"上门服务，调查成熟一户、即刻上传一户，信息调查当日完成，实现申贷业务"到村到户、只跑一次、一表打尽"，累计节约信息调查时间约 5000 个工作日。二是优化评级授信流程。奉节县以"有劳动能力、有脱贫愿望、有致富项目，无不良习气、无信用污点"的"三有两无"标准确定信用等级，银行通过"灵活授权、分批受理、集中授信"的核准处理方式，由乡镇扶贫办初审贷款对象收入、信用风险等情况后，再批量上报县金融服务中心复核，最后由银行统一核准征信、授权放贷。同时，奉节县对授信审查部门、前台业务部门分别提出"一次性完成"要求，即一次性申贷资料到位、一次性书面下发审查意见，既降低金融机构贷款风险，又简化授信放贷流程。三是优化放贷审批流程。奉节县金融服务中心、县扶贫办和承贷银行共同优化贷款审批流程，贫困群众只需单一登记，先由调查管理服务团队指导贫困户填写申请表、面谈表、推荐书和贷款合同"两表一书一合同"，再经村、乡镇审核后统一交县金融服务中心，由县金融服务中心、县财政局、县扶贫办"三方会审"后将资料交承贷银行，承贷银行在 7 个工作日之内放款到户，其中，单户贷款对象最快 3 个工作日可拿到钱，切实解决贫困群众"往返跑、多次签"等问题，办事成本显著下降。

3. 强化服务支撑，确保贷款用得好

奉节县针对贫困户理财能力不足、自我管理能力欠缺和农村金融网点少、服务能力薄弱的现实，集中强化金融服务、特色产业和干部责任的服务支撑作用，显著提高了贫困户贷款资金使用效益。一是强化金融服务支撑。奉节县级设立金融扶贫小额信贷服务中心，33 个乡镇设立金融扶贫服务站，135 个村设立金融扶贫服务点，构建了"县、乡、村"三级金融服务网络，建立县级扶贫小额信贷大数据平

台，为金融系统加大扶贫小额信贷投放提供精准指引。利用公益性岗位配备 135 名农村金融助贷员，由县金融服务中心统一管理培训，赋予宣传员、助贷员、服务员、监管员"四员合一"职能职责，让贫困户足不出户就能拿到贷款。二是强化特色产业支撑。奉节县指导贷款贫困户围绕现代特色效益产业选择适宜项目，每户每年同步配套 2000 元产业到户资金。其中，4400 余户发展脐橙、油橄榄、中药材、山羊四大主导产业，2600 余户发展优质粮油、生态蔬菜、精品烟叶三大优势产业，2300 余户发展脆李、蚕桑等特色产业，2700 余户发展农产品加工业、乡村旅游等第二、三产业，户均年增收可达 5000 元以上，实现了主导产业覆盖贫困村 100％、产业项目覆盖贫困户100％、利益联结覆盖贫困户 100％。三是强化干部责任。奉节县政府压实干部帮扶责任，将帮扶责任人、金融助贷员纳入网格化管理，全过程承担贷前推荐、贷中服务、贷后监管三大责任，每月将贫困户产业发展情况报备县大数据平台，每季度填写贫困户精准扶贫小额贷款项目跟踪表，确保干部全程、全面、全力做好贷款组织、服务和监管工作。如康坪乡云奉村建卡贫困户刘某，在帮扶责任人的动员和指导下，2017 年申请扶贫小额贷款 5 万元，养殖山羊 80 只，通过帮扶责任人积极联系销路，并购买养殖保险，实现零负担、零风险发展山羊养殖，当年实现净收益 1.5 万元。

4. 创新发展模式，确保贷款发展能增收

奉节县着眼于贫困户选择脱贫项目难、脱贫资金无处投的现实，创新"贫困户＋农村电商""贫困户＋农企带动"两种模式，使贫困户充分融入产业发展之中，形成稳定长久的受益机制。一是发展农村电商。奉节县借助全国网络扶贫试点县、全国电商扶贫样板县等优惠政策，推进农村淘宝"千县万村"工程，135 个贫困村实现电商服务站全覆盖。引导贷款贫困户加入电商合作社，31 个电商合作社通过

发放种苗、保底回购、线上线下销售腊肉、脐橙、天麻等特色农产品，带动 2138 户贫困户年均增收 1 万余元。如安坪镇三沱村贫困户刘某，通过与韵达、顺丰 2 家物流公司签订产供快销协议，单日最高销售脐橙达 3 吨，实现日销售额近 3 万元。据统计，全县"搭车"农村电商的贫困户达 1000 余户。二是推行合作增收。奉节县鼓励支持专业合作社、产业大户、龙头企业采取"返租倒包"、共建农业基地等模式，与贫困户进行利益联结。贫困户根据产业发展需求，自主配用信贷资金，租用企业成熟的种养基地，企业从生产技术、经营管理、产品销售等方面充分带动和帮扶，让贫困户发展产业实现持续稳定增收。如龙桥乡鑫桥农业公司（市级龙头企业）将基地"返租倒包"给 161 户贫困户发展蔬菜产业，各户根据承租规模投入贷款或自有资金，共同建设、经营蔬菜产业基地，既是"老板"，又是"工人"。蔬菜成熟后，企业以 4000 元/亩的价格保底收购，年户均可保底收益 1.2 万元。如石岗乡采取"政府引导＋企业管理"方式发展万亩花椒产业，政府给予贫困户"返租倒包"共建项目资金扶持，企业统一完善设施、统一提供农资、统一生产管理，最大限度降低了贫困户"小而散"的农业生产风险。

【经验启示】

1. 做好扶贫小额信贷，需要细化政策、落实帮扶责任

扶贫小额信贷政策的落地需要当地政府制定方案，明确目标，强力推进。奉节县连续推出了 16 个相关政策文件，针对具体问题，细化政策，给出解决办法和工作目标，同时严格落实干部帮扶责任，通过专项督查、暗访督查和满意度调查"三位一体"的督查体系，实行月度督查、通报和整改。对工作连续两个月排名最后的乡镇主要领导

进行约谈，压实工作责任。奉节县从细化政策、明确干部帮扶责任到持续监督、整改，形成了一套行之有效的"组合拳"，有力推动了扶贫小额信贷工作落地。

2. 用好扶贫小额贷款，需要做好贷款贫困户的产业引导

扶贫小额信贷不仅要让贫困户贷得到，还要用得好，能够起到发展生产、精准脱贫的效果。政府需要进行产业政策规划、集中资源，做好贷款贫困户的产业引导。奉节县在产业规划上划分了主导产业（脐橙、油橄榄、中药材、山羊）、优势产业（优质粮油、生态蔬菜、精品烟叶）和特色产业（脆李、蚕桑），指导贷款贫困户围绕特色产业选择适宜项目，既不搞"一刀切"，也避免了随意生产、缺乏规划。贷款贫困户根据条件选择合适的产业项目，既保证了自主性、积极性，又能形成规模效应、协同效应，降低风险，提高成功的概率。

3. 用好扶贫小额贷款，需要帮助贷款贫困户建立可持续的发展模式

帮助贷款贫困户用好扶贫小额信贷资金，政府不仅需要做好产业引导工作，还要帮助贷款贫困户根据实际情况，提供生产、发展所需的各类资源，建立可持续的发展模式。奉节县在坚持户贷户用的基础上，与村镇集体经济、龙头企业建立合作关系，通过"贫困户＋农村电商""贫困户＋集体经济""贫困户＋农企带动"等方式，使贫困户融入产业发展，持续稳定增收。

搭建网络服务平台，实现精准精细管理

——江苏省沭阳县案例

信息化、数据化是提高扶贫工作成效的重要手段。但开发信息系统耗时较长、投入较大、难度较高。江苏省沭阳县依托全国扶贫小额信贷信息系统的功能和架构，针对当地扶贫小额信贷业务开展过程中的具体问题和实际需求，开发了扶贫小额信贷管理服务平台，实现了扶贫小额信贷的精准发放和精准管理，把有限的资源用在了贫困农户上，用在了项目增收上，取得了较好的成效。

【背景介绍】

沭阳县位于江苏省北部，隶属于宿迁市，总人口200万人，为全国"人口第二大县"。"十三五"期间，沭阳县低收入人口达7.62万户23.21万人、省定经济薄弱村59个，总量和占比均为江苏省最高，脱贫攻坚任务艰巨。全县困难群体主要集中在边远乡镇，综合素质较低，缺乏创业启动资金，自我脱贫难度大，加之每年都有因灾、因病、因学等导致的返贫人口，给脱贫攻坚增添了难度。

沭阳县把扶贫小额信贷工作作为提高贫困农户家庭收入、推进全县脱贫攻坚的重要抓手，通过按月采集全县扶贫小额信贷信息数据，录入全国扶贫小额信贷信息系统后统计分析，掌握了全县不同乡镇、不同时期的扶贫小额信贷发放、回收和逾期等信息情况，分析问题、查找原因，精准指导工作落实，有效提升了扶贫小额信贷工作效率。

沭阳县在使用全国扶贫小额信贷信息系统过程中发现，由于江苏省的省定扶贫标准是人均收入6000元以下，信息管理系统中的建档立卡贫困人口信息无法与沭阳县低收入人口信息一一对应，且沭阳县低收入农户基数较大，在贷款发放高峰期，因工作量大，银行员工极易发生操作差错，造成"不在名册""一户多贷""用途不合规"等错误。为有效解决上述问题，提高扶贫小额信贷工作精准度，确保资金安全，沭阳县开发了沭阳扶贫小额信贷管理服务平台，利用信息化手段实现了扶贫小额信贷的精准发放和精准管理。

【做法成效】

1. 用好全国扶贫小额信贷信息系统，发挥数据统计分析基础作用

一是做到信贷数据"精准"。沭阳县把搜集扶贫数据作为扶贫小额信贷投放的基础工作来抓，通过贷前实地走访、贷中复核审查、贷后回访检查等方式，确保录入的数据真实、准确、完整。同时，针对后期检查发现的问题，不断完善低收入农户的贷款信息。二是坚持风险监测"实时"。每月初，沭阳县扶贫办利用全国扶贫小额信贷信息系统生成的贷款发放信息，提醒承贷银行会同相关乡镇开展"贷后检查"。在贷款到期前将贷款催收信息推送至承贷银行和有关乡镇，督促做好贷款回收工作，防止出现逾期现象。对逾期贷款建立台账，实行每月一统计、一周一监测，由县扶贫办、乡镇、承贷银行共同负责抓好清收。三是发挥数据分析"效用"。沭阳县扶贫办每月调取一次扶贫小额信贷发放、回收和贴息相关数据，分析掌握各乡镇目前及往年同期数据变化情况并进行通报，确保符合扶贫小额信贷条件的低收入农户"应贷尽贷"。截至 2020 年 8 月底，沭阳县累计发放扶贫小额信贷 29884.2 万元，受益农户 0.98 万户次，扶贫小额信贷发放规模每年均居江苏省第一。

2. 开发沭阳扶贫小额信贷管理服务平台，规范业务，强化风控

为解决扶贫小额信贷工作中的操作差错等具体问题，沭阳县于 2018 年 1 月组织县扶贫办、财政局、金融办、沭阳农村商业银行等单位成立研发小组，开发了沭阳县扶贫小额信贷管理服务平台。平台主要有 3 项功能：

一是自动拦截。对贷款发放过程中出现的"不在名册、超授信

额、超最高限额（5万元）、消费类用途、一户多贷、非信用方式、非基准利率、非'利随本清'结息方式科目"等8项容易出现错误的情况进行自动拦截，确保导入平台数据精准。

二是自动审查。在低收入农户申请贷款时，系统自动对其有无"不良贷款""失信被执行"或"严重不良信用记录"等11类负面信息进行比对监测，并提供审查建议，做到信贷风险早发现、早研判、早处置。

三是自动生成任务。在平台提醒"贷后检查"时，系统自动生成实地回访任务，由银行工作人员将检查情况录入系统。此外，平台存储贷款全流程的档案资料和信贷经理上门调查的影像资料，方便随时查询、统计，最大限度保障规范管理和资金安全。

沭阳扶贫小额信贷管理服务平台于2018年2月7日正式上线运行，作为全国扶贫小额信贷信息系统的补充，对"非省定扶贫人口挤占扶贫小额信贷"和"不按政策规定发放扶贫小额信贷"的错误情况进行拦截，不仅有效保障了数据录入的准确性，也强化了对贷款发放的风险控制。目前该服务平台已在江苏省范围内推广使用。

3. 有效使用扶贫数据，实现扶贫小额信贷资金精细化管理

通过使用全国扶贫小额信贷信息系统和沭阳县扶贫小额信贷服务平台，沭阳县把有限的资源用在了贫困户上、用在了项目增收上。扶贫小额信贷实现了精准发放和精准管理，信贷业务逐步规范，管理水平显著提高，在2019年江苏省审计厅对沭阳县开展的乡村振兴审计和金融扶贫工作检查中，未发现一例"不在名册""一户多贷""非基准利率"等不合规发放问题。

通过数据分析，沭阳县发现当地50%以上的贫困户把扶贫小额信贷资金用于种植蔬菜、栽培花木、饲养畜禽或从事农产品加工销售等农业项目。由此，沭阳县根据贫困户自身发展意愿，引导其参与当地的主导产业发展，实现贫困户自身和地方发展的双提升。比如花木电商核心区 5 个乡镇，省定贫困人口发生率为 11.15%，比全县贫困人口发生率低 3.3 个百分点；镇均经济薄弱村数量为 1 个，比全县平均水平少 0.6 个；农民年人均可支配收入为 1.92 万元，比全县农民人均可支配收入高 2300 元。

沭阳县 2018 年度省定 59 个经济薄弱村农民人均纯收入比上年增长 15.2%，增幅超过了全县平均水平 6.1 个百分点，很大程度上得益于扶贫小额信贷的支持。

【经验启示】

1. 用好全国信息系统，开发本地产品

信息化、数据化是推动扶贫工作深入开展的重要科技手段。但开发一套好用的信息系统耗时较长，投入较多，难度较大，并不容易。沭阳县的方法是先用好"全国扶贫小额信贷信息系统"，在提高信贷数据精准度、风险监测的频次并掌握数据变化情况的基础上，针对具体问题，明确需求后开发了沭阳扶贫小额信贷管理服务平台，专门解决当地和全国由于贫困户收入标准差异造成的差错，人工操作不当造成的"不在名册""一户多贷""用途不合规"等常见问题，取得了明显的效果。

2. 充分挖掘数据价值，提高精准扶贫效果

信息时代，数据就是生产力，扶贫领域也不例外。随着扶贫小额信贷工作的持续，网络信息平台积累的各种贫困数据会逐步完善，在此基础上通过多维度的扶贫数据分析能够发现更多问题和规律，提升工作效率。沭阳县通过县扶贫小额信贷服务平台的自动程序和数据分析功能，掌握贫困户的扶贫小额信贷使用情况，指导工作进展。通过

数据分析发现 50% 以上的贫困户把扶贫小额信贷资金用于种植蔬菜、栽培花木、饲养畜禽或从事农产品加工销售等农业项目。县扶贫办因此有针对性地进行产业资源对接，提升了脱贫效果。

3. 建立业务数字化流程，提供稳定信贷服务

现代金融服务业充分利用数据分析和程序自动化，实现信贷服务全流程的系统控制，大幅提高效率，避免人工操作失误。扶贫小额信贷的服务也应如此发展。沭阳县人口众多，低收入人口 23.21 万人，扶贫小额信贷工作量大，人工操作错误多，必须采用信息技术手段进行处理。沭阳县基于银行的业务系统定制化开发的沭阳扶贫小额信贷管理服务平台，实现了程序自动纠错、记录和监督扶贫小额信贷贷款授信、审核、放款、贷后管理的全部流程，不仅最大程度避免个人操作错误，而且为大规模、持续稳定的信贷服务提供了技术保证。

"三定三带三扶"建机制，金融产业融合促脱贫

——江西省修水县案例

　　江西省修水县按照"评得准、贷得出、用得好、收得回"的总体要求，通过"七步法"评级授信和"811"信用评价体系，发挥村支部带领、能人带头、主体带动及自主发展方式，强化技术服务、农业保险、消费扶贫等政策跟进，促进扶贫产业多元化发展，走出了一条"三定三带三扶"产业金融扶贫之路。

【背景介绍】

江西省修水县位于湘鄂赣三省九县交汇中心，全县面积 4504 千米², 人口 87 万人，其中建档立卡贫困户 23311 户 88752 人，是国定贫困县，也是传统的山区农业大县。全县形成了桑、茶、林、畜四大主导产业，是全国无公害茶叶生产基地县、全国特色产茶县、中国名茶之乡和江西省最大的蚕桑基地县。其中，金丝皇菊已成为区域特色品牌。由于全县有 1.2 万余贫困户受限于资金瓶颈，难以发展。因此，在脱贫攻坚期间，修水县将产业扶贫作为推进脱贫攻坚的基础和关键，县财政拿出 2670 万元风险补偿金撬动 2 亿元扶贫小额信贷，免利息、免抵押、免担保为 1.17 万户贫困户提供信贷支持，通过"七步法"评级授信和"811"信用评价体系，推动贫困户自主发展和经营主体带动发展，促进产业发展和金融扶贫的深度融合，实现扶贫小额信贷"评得准、贷得到、用得好、收得回"，为贫困群众增收脱贫发挥了积极作用。截至 2020 年 8 月底，修水县累计投放扶贫小额信贷 4.24 亿元，为 1.96 万户次贫困农户发展生产增收脱贫提供了信贷支持。

【做法成效】

1. "三定"助推扶贫小额信贷贷得到、放得准

一是"七步法"定额度。采取"贫困户申请、村级初评、乡级评议、县级审核、银行授信、定级颁证、结果运用"的方式，为贫困户量身定制了以"811"信用评级为主导的扶贫小额信贷新模式。评级满分为 100 分，结合贫困户的诚信状况（80 分）、家庭收入（10 分）、基本情况（10 分）、进行量化评分，得分在 90 分（含）以上的评为

"A"级，根据其产业发展需要给予额度5万元及以下的贴息贷款；得分在80分（含）至89分的评为"B"级，给予额度4万元及以下的贴息贷款；得分在70分（含）至79分的评为"C"级，给予额度3万元及以下的贴息贷款；得分在70分以下的评为"D"级，视生产发展需要给予额度2万元及以下的贴息贷款。按"一次授信、逐年评估、动态调整"要求，全县发放评级授信证22275份，基本做到"应贷尽贷"。二是"四核查"定对象。核查符合贷款条件的对象：明确贷款对象为家庭具有完全民事行为能力，年龄18～65周岁，诚实守信、家庭和睦、遵纪守法，近3年无不良信用记录，家庭成员无黄、赌、毒、懒等不良嗜好，具备正常生产经营和清偿贷款本息能力的建档立卡贫困户，通过乡镇村干部与银行工作人员逐户调查，结合评级授信情况，符合贷款条件的对象有18542户；核查有产业或已参与产业发展的对象：通过逐村逐户调查摸底有产业或已参与产业发展的贫困户7328户；核查无产业但有发展生产意愿的对象：通过调查摸底无产业但有发展生产意愿且需要贷款支持的贫困户5873户；核查是否适合建立金融扶贫服务站点：根据各村人口规模、产业基础、贷款需求等实际情况，在全县179个行政村建立金融扶贫服务站，探索"一站式"服务平台，实行现场办、一次办、上门办、集中办多种模式，经评级授信后只需凭身份证，就可到本村金融扶贫服务站点办理扶贫小额贷款手续，即报即审即办，宁让干部多跑腿、不让群众跑二次路。同时，建立贷后检查、贷款到期提醒、诚信教育、逾期贷款处置四道风险监测预警机制，保障政策有序安全运转。三是"四引导"定产业。引导贫困户自我发展产业，通过扶贫小额信贷支持，鼓励贫困户经营2亩以上蚕桑、茶叶（油茶、林果）、菊花等特色产业；引导有发展技能和意愿的贫困户与一般农户、能人大户合伙经营抱团发展产业；引导有劳动能力的贫困户依托经营主体统一提供生产、销售、技术服务，通过领养、返租等方式带动发展产业；引导扶贫龙头企业、合作社与贫困户合作发展，确立参与贫困户的主体地位和合作社的经营主导权，依托龙头企业的资金、技术、信息、销售和服务等优势联合发展产业。通过"产业＋金融＋贫困户"方式，全县发展茶园面积达 18 万亩，菊花 7.2 万亩，桑园 9.3 万亩，"一领办三参与"（村干部与能人带头领办，村党员主动参与、村民自愿参与、贫困群众统筹参与）产业扶贫示范基地 281 个，创建示范合作社 141 个，有 13201 户 55303 人享受扶贫小额信贷政策支持、发展产业增收脱贫，基本实现"村村有扶贫产业、户户有增收门路"。

2. "三带"力促扶贫小额信贷用得好、见效快

一是支部带领发展。农村基层组织是群众的主心骨，是一支带不走的扶贫队伍，通过村支部带领，使贫困群众敢投、愿投村领办产业，全县有 137 个村实行"村支部＋合作社（公司）＋金融＋农户（贫困户）"的模式，推进了"资源变资产、资金变股金、农民（贫困户）变股东"的嬗变，吸纳 11645 户扶贫小额信贷资金 4940 万元投入村集体产业发展，2019 年，实现分红收益 518 万元；带动贫困户就业 2980 人，户均年增收 2700 元以上。通过产业发展，也提升了村级党组织的战斗力和凝聚力，实现了贫困户脱贫和村级集体增收"双赢"局面。全县 255 个"十二五""十三五"贫困村村级集体经济收入均达到了 6 万元以上。如：修水县马坳镇黄溪村按"五化四有"（农业产业化、土地园林化、耕地机械化、住房城镇化、农民工人化，家家有资产、户户有股份、人人有就业、年年有分红）发展思路，开展"确权确股不确地"土地规模化、集约化经营试点，以蚕桑产业为主导，发展"种桑养蚕、鲜茧收购、茧丝加工"产业链，吸纳 48 户贫困户扶贫小额信贷资金 192 万元做大做强做长产业链，带动了贫困户"两业"增收，村集体经济收入每年在 50 万元以上，农户户均存

款 17 万元以上。二是能人带头发展。引导和帮助贫困户与能人大户等新型经营主体合伙发展，通过签订订单生产、代种代养、租赁、托管等方式，让贫困户发展产业增强信心，获得技术支持、生产服务和市场"通道"。近年来，全县培育农业经营主体等创业致富带头人 653 人。在全县 281 个"一领办三参与"产业扶贫示范基地中，能人带头引领发展的基地达 51.3%，通过"致富带头人（返乡创业人士）＋合作社＋金融＋产业基地＋贫困户"的发展模式，凸显扶贫小额信贷资金的放大效应，能人有底气、贫困群众有信心、干劲足，信贷资金投入让贫困户更有获得感、安全感。三是龙头企业带动发展。积极探索"龙头企业＋合作社＋贫困户＋扶贫小额信贷"的金融扶贫模式，鼓励支持市场前景好、热心社会公益、带贫益贫效果好的龙头企业加强与贫困户参与成立的专业合作社合作发展，通过经营性受益联结型、工资性受益联结型、生产性受益联结型等模式，增加贫困户财产性收入。

3. "三扶"确保扶贫小额信贷还得上、可持续

一是突出技术帮扶。为发挥贷款资金的最大效益，修水县充分发挥茶科所、蚕桑局、药材办、蔬菜办等部门专业优势，组织开展"工作到山头、服务到基地、指导到农户、联系到企业"服务活动，精准开展技术培训和业务指导，邀请省级以上专家现场解惑，及时为贫困群众解决生产过程中遇到的困难和问题。累计在乡村举办蚕桑、茶叶、蔬菜等培训 600 场次，培训人数达 9000 余人，发放栽茶、养蚕、畜禽、蔬菜、水果等技术资料 10 万余份，让贫困群众通过面对面学、手把手教、对照资料查等方式，提高种养技术水平。二是加强保险帮扶。为确保扶贫产业稳定发展，降低贫困户扶贫小额信贷风险，修水县大力实施桑蚕（鲜茧）价格保险、茶叶低温冻害保险政策，扩大水稻、畜禽渔业、蔬菜等农业保险覆盖面，提高农业风险保障水平，稳

定农民增收。如：2019年，修水县结合全省支持小农户发展特色农业保险政策，为全县9700余户蚕农（其中贫困户3400余户）开展桑蚕鲜茧价格保险，按36元/千克的价格承保，有效稳定了蚕茧价格市场风险压力，全年实际发生理赔14批次，理赔金额207.2万元，为桑蚕产业健康发展撑起了一把"保护伞"。三是推进消费帮扶。为推动扶贫产品消费扩面升级，确保产业发展和扶贫小额信贷良性循环，修水县大力推进扶贫产品线上线下销售，组织开展扶贫产品进机关、进食堂、进企业、进社区等"六进"活动、"百县千品"直播直销活动、实行全县职工工会福利费的70%用于直购或采购扶贫产品等营销举措；搭建好消费扶贫合作社、县扶贫产品专馆、专区、电商（直播直销）四大平台，全县组建扶贫产品销售专馆2个，专区7个，乡镇扶贫产品销售合作社35个，专柜56个。

【经验启示】

1. 健全管控体系是扶贫小额信贷政策落实的保障

扶贫小额信贷政策是为贫困户"量身定做"的好政策，在"七步法"和"811"体系框架下，要突出体现"扶勤不扶懒、扶干不扶看、扶志不扶靠"的理念，坚守政府、银行、贫困户三者诚信契约，注重风险防控预警，确保政策实施安全、高效、有序，有效提高贫困户贷款资金的使用效益，实现扶贫小额信贷投入与扶贫开发良性循环。

2. 发挥主体带动是实现扶贫小额信贷效能的关键

贫困户自主发展大多数是从事种植、养殖业，效益有限，依托带贫主体技术、生产、资金、加工、品牌、销售优势，把贫困户融入产业链发展，信贷资金增值效果和可持续性才更有保障，扶贫小额信贷扶持的效应更加明显。

推动工作机制五个转变，实现特惠金融良性发展

——重庆市丰都县案例

重庆市丰都县聚焦扶贫小额信贷对产业发展的推动作用，从政策落地、生产方式、组织形式、工作重心、贷款回收等5个方面引导贫困户借助特惠金融参与特色产业的发展，有效破解了贫困群众"不想贷、不愿贷、不敢贷"等难题，推动扶贫小额信贷迈入了"放得准、用得好、收得回"的良性运行轨道。截至2019年年底，丰都县扶贫小额信贷累计发放11699户次5.31亿元，获贷率达58.55%。

【背景介绍】

重庆市丰都县地处三峡库区腹心，面积 2901 千米²，辖 30 个乡镇（街道）、262 个行政村、72 个社区，总人口 85 万。2014 年全县共有贫困村 95 个，贫困人口 19396 户 71917 人，贫困发生率 12.1%，是国家扶贫开发工作重点县、国家武陵山片区扶贫开发试点县。2016 年 12 月，丰都县开始启动实施扶贫小额信贷政策，但在落实政策的前期却出现了贫困户"不买账"现象。丰都县围绕"资金变产品、产品变商品、商品变收益"的思路，以特色产业为基础，以"五个转变"为抓手，合力攻坚破除制约瓶颈，持续推动工作提质增效，引导扶贫小额信贷政策成为促进群众增收致富和激发内生动力的"助推器"。2017 年 11 月重庆市政府宣布丰都县脱贫"摘帽"，全县脱贫攻坚工作从解决区域性整体贫困转向攻克深贫堡垒、巩固提升质量新阶段。

【做法成效】

1. 推动政策落地从重获贷率向重精准度转变

一是精心抓服务。围绕"应贷尽贷"目标，结合开展常态化入户帮扶，重点针对有能力无项目、有资源无意愿、有项目无规模扶贫对象，引导并帮助规划 14463 个项目符合贷款条件并得到了资金支持。2020 年以来，根据政策新变化，及时摸清了边缘易致贫户和因疫情影响无法外出贫困户的贷款需求，为 635 户因受疫情影响不能按期还款户办理续贷和展期业务。二是精准定贷款。坚持"以产业类别定贷款、以发展规模定额度、以产业周期定期限"的原则，做到无产业不得贷款、符合条件不得拒贷，积极引导贫困户参与融入全县"1＋4＋X"主导产业体系，有效确保了贷款额度、使用方向、还贷期限"三精准"。2020年以来新增发放贷款1160户5597.8万元。三是精细强监管。坚持问题导向，举一反三对贷款余额开展常态化的"三查三看"活动（即：查产业规模，看资金额度是否匹配；查资金流向，看使用方向是否合规；查管理责任，看贷款资金是否安全），做到排查发现一例跟踪落实整改一例。仅2020年以来，全县整改问题贷款109笔，涉及资金145.9万元。

2. 指导生产方式从粗放经营向标准管理转变

建立健全到户产业发展指导服务机制。一是编印技术规范。坚持实用性和操作性相结合，编印产业发展技术规范指导手册，重点围绕种源选择、农资选购、除草防疫、加工收藏等重点环节提供技术指导服务，提升贫困户农技综合水平。二是健全服务体系。县乡两级选派1415名专家组建科技特派员队伍，常态化开展送农技下乡活动，统筹力量配备"一乡镇一指导组、一村一产业专干、一户一服务员"，点对点帮助贷款贫困户解决发展过程中的具体问题和现实困难。三是强化集中培训。整合涉农培训资源，对扶贫小额信贷支持的产业项目列为培训内容，将培训是否合格作为产业项目实施前置条件，有效提升贫困群众标准化生产能力，提高了农产品的质量和卖相。截至目前，全县共有1万余户贷款贫困户通过多种形式参加培训并实现成功创业。

3. 鼓励组织形式从单打独斗向抱团发展转变

积极探索推广贫困户"抱团"融入优质产业发展新模式。一是"租赁承包经营"。如：名山街道古家店社区17户贫困户分别将获得的信贷资金用于独立承包经营该村集体修建的蔬菜种植大棚，户均年增收4万元以上。二是"合作兴办产业"。如：虎威镇依托德青源金鸡扶贫产业园，整合村级集体资金和贫困户信贷资金，配套建立包装制品厂，贷款农户既当老板又当工人，获得分配收益和就业收入。三是"三资融合发展"。如：仙女湖镇硝厂沟村16户贫困户自愿将资源折价并用信贷资金加入专业合作社，由专业合作社共同经营管理，按占比实行"保底＋利润"分配，户年均收益达2万余元。四是"集中代种代养"。县属国企农发集团与村集体组织按33：67比例出资，为温氏集团建设140个肉鸡养殖场；温氏集团免费提供鸡苗、技术、饲料并保价产品回收。目前，全县50多户贫困户用贷款资金优先获得代养权，初步测算，户均年获利6万元以上。

4. 引导工作重心从前端产出向后端销售转变

全方位推动农产品向商品化转化。一是狠抓产品转化。依托5家农业产业化国家级龙头企业和县内优质企业，利用获批国家级"名特优新"产品标识5个、市级"三品一标"产品151个、"巴味渝珍"产品标识13个，打造丰都肉牛、红心柚、麻辣鸡等为代表的169种特色农产品，为农产品向商品化转化奠定坚实基础。二是激活电商资源。运用金融支农再贷款政策，按联结销售贫困户产品数量授信并给予基准利率贷款支持；依托农村电子商务服务中心，对县内531个电商平台进行要素整合，促进"快递物流进家门、本地产品变成钱"；利用中国社会扶贫网等平台发布农产品供给信息，实行"需求端"与"供给端"有效连接。三是深挖消费潜力。按照"体制内按人头定目标、体制外按条块定责任"原则，整合力量开展消费扶贫"十进"活动，推动形成县内与县外联动、线上与线下结合的消费扶贫新格局，为农副产品变挣钱商品拓展了空间，解决了扶贫小额信贷支持项目产出的农产品难卖出和难变现问题。

5. 促进贷款回收从行政追贷向自觉还贷转变

落实了常态化监管机制，确保扶贫小额信贷实现可持续健康发展。一是强化诚信建设。制定《丰都县扶贫小额信贷资金风险防控管理办法（试行）》，持续营造"守信者处处授奖、失信者处处受限"的金融信用环境。二是强化贷后管理。实行提前一个月利用推送短信、上门通知对到期贷款户进行双重提醒，按时回收 8888 笔、4.04 亿元。高度重视逾期催收，按照"当月逾期次月清"要求，采取任务交办到人、限时追收和按月约谈滞后乡镇等措施追收，最大限度降低了逾期率。三是强化分类处置。合理利用缓释工具为非恶意欠贷户办理"续贷和展期"业务 635 笔、2858 万元。严格实行风险补偿核销，对遇不可抗力因素的非恶意欠贷按照"账销案存、保留追偿权"原则进行风险认定补偿，落实风险补偿 37 笔、政府补偿本息资金 113.52 万元，占发生额 4.04 亿元的 0.28%，补偿后依法追回 7 笔、16.81 万元。

【经验启示】

1. 前期科学规划是实现有效放贷的前提

贫困户普遍处于有资源但无发展能力的阶段，需要各级政府帮助贫困户规划具体的产业项目，为扶贫小额信贷资金支持提供载体。丰都县按照农业供给侧结构性改革要求，立足资源禀赋，合理确定主导产业，并紧扣主导产业帮扶贫困户策划规划产业项目，并根据项目规模测算资金需求，确保资金投放精准。

2. 持续跟踪服务是保障贷款用得好的关键

扶贫小额信贷支持主体是贫困户，缺乏产业发展经营的能力，如果任其"自由发挥"，无法保证脱贫效果。丰都县建立健全到户产业发展指导服务机制，从编印技术规范、构建服务体系、开展灵活培训等方面，为贫困户发展产业提供精细化指导服务，既增强了贫困户发展信心，又提升了承贷银行放贷信心。

3. 确保主体带动是实现脱贫效果的核心

贫困户只有融入大产业，获得新型经营主体的帮扶，才能抵御风险，获得有效的发展。因此，应该充分发挥村委会的作用，支持农民合作社、家庭农场等新型农业生产经营主体发展，让其一头连接龙头企业，一头连接农户，有效组织农民参与产业发展。丰都县依托优质企业、合作组织、种养大户，从产品认证、平台营销等方面与贷款贫困户建立长期稳定的联结关系，让贫困户紧紧吸附在主导产业链上，确保能实现发展预期。

4. 强化贷后管理是推进政策可持续的保证

扶贫小额信贷工作是一项系统工程，不能只抓信贷投放，不顾后续监管，否则不仅会造成金融风险，而且会导致政策不可持续。丰都县严把"放贷、使用、防控"三道关口，探索实行"激励制、通报制、提醒制、惩戒制"，并利用邻里乡亲、基层组织、帮扶责任人作用，为贫困户层层增信，有效防范了金融扶贫风险，确保了扶贫小额信贷特惠金融政策持续健康发展。

破解贷款『三难』问题，精准滴灌助农脱贫

——贵州省威宁彝族回族苗族自治县案例

　　贵州省威宁彝族回族苗族自治县在扶贫小额信贷政策落地过程中，针对"政策落地难、协同监管难、风险处置难"等金融扶贫"三难问题"，探索出"政府引导、农信主抓、部门联动、风险共担、互惠共赢、农户发展"的金融扶贫"威宁模式"，实现"扶贫财政资金效能最大化、扶贫小额信贷质效最优化、贫困户内生发展动力增强化、产业发展特色化、助农脱贫精准化"的"五化效果"。

【背景介绍】

威宁彝族回族苗族自治县（以下简称威宁县）地处贵州西大门，全县总面积6298千米²，辖41个乡镇（街道）619个村（社区），总人口156.67万人，2014年以来累计建档立卡贫困人口7.35万户34万人。威宁属全国14个集中连片特困地区之一的乌蒙山区国家级贫困县，既是2020年全国52个挂牌督战县之一，也是贵州省14个深度贫困县之一，贫困面人、贫困程度深、贫困发生率高，2019年剩余贫困人口1.21万户3.83万人，是贵州省剩余贫困人口最多的县。

自2015年以来，在贵州省委、省政府的领导下，在贵州省扶贫办、人民银行贵阳中心支行、贵州省银保监局、贵州省地方金融监管局、贵州省联社等部门的指导关心下，威宁县聚焦扶贫小额信贷发放管理，不断发挥扶贫小额信贷作用，最大限度带动贫困群众创收增收、脱贫致富。截至2020年4月末，全县累计向49494户建档立卡贫困户发放扶贫小额信贷资金42.28亿元，有效带动23.57万贫困人口增收脱贫，全县贫困发生率从2014年的18.6%下降至2019年年底的2.7%。

【做法成效】

1. 瞄准"三难"问题，政策落地见成效

（1）强化组织领导，保障政策落地。一是威宁县委、县政府高度重视，主要领导亲自安排部署扶贫小额信贷工作，出台《扶贫小额信贷管理制度》，定期听取县直有关部门汇报扶贫小额信贷工作推进情况，及时解决存在的困难和问题；二是农信社成立扶贫事业部，单列

计划、独立核算并配备业务人员负责扶贫工作。按年度制定扶贫小额信贷投放计划，细化工作措施，落实责任部门，压实工作责任，为扶贫小额信贷发放管理提供了组织保障。

（2）严格操作流程，规范信贷发放。按照《贵州省农村信用社"特惠贷"精准扶贫农户小额信用贷款管理办法》和威宁县扶贫办《关于规范扶贫小额信贷审批流程的通知》要求，严格按照"建档评级授信→建档立卡贫困户申请→乡镇扶贫工作站审核→信用社受理→签订合同发放贷款→农户按季付利息→政府按规定分期补贴利息→贷款收回"的操作流程对扶贫小额信贷投放进行规范管理。

（3）坚持"户贷户用"，杜绝"户贷企用"。一是坚持扶贫小额信贷政策原则。严格按照"5万元以下，3年期以内，免担保抵押，基准利率放贷，财政贴息补助"的政策规定执行。二是坚持贫困户贷款自愿和"户借、户用、户还"原则。履行扶贫小额信贷告知义务，按照"谁贷款，谁申请，谁的钱入谁的账、由谁支配"的方式进行办理。三是坚持谁借谁还的信贷原则。采取"先收后补、分期补贴、应贴尽贴"的措施，既培养了贫困户自主意识，又保障政府贴息资金安全准确补贴到贫困户。自2016年以来，累计贴息15213.94万元。

（4）建立经济档案，掌握信贷需求。一是建档评级授信。每年根据辖内建档立卡贫困户动态调整情况，优先给予建档评级授信，及时提供信贷资金支持，对符合贷款条件的贫困户做到随到随贷、应贷尽贷。截至2020年4月底，已为建档立卡贫困户建立经济档案71319户，建档面97.07%，评级授信户数65011户，授信总额达29.07亿元。二是跟踪走访常态化。通过常态化开展贫困户信贷需求逐户遍访工作，及时跟进了解贫困户产业发展愿望，有效满足了合理信贷需求。

（5）聚焦特色产业，提高扶贫质效。充分运用人民银行扶贫再贷款优惠政策，以贫困农户"增收创收"项目为重点，突出扶贫成效。一是聚焦特色产业。按照县委、县政府产业规划，结合乡镇资源禀赋，因地制宜，重点支持生态畜牧养殖、烤烟、精品苹果、马铃薯种植、中药材等特色产业。截至 2020 年 4 月底，共支持种植类贷款10977 户，金额 41648 万元；养殖类贷款 21607 户，金额 86588 万元；其他创收增收类贷款 1038 户，金额 4671 万元，有效解决 33622 户贫困户产业发展资金需求。二是聚焦牛产业。充分利用天然草场资源，通过财政扶贫资金＋扶贫小额信贷资金，积极引导贫困户发展能繁母牛。通过采取统一管理、分散饲养的模式，实现"资金使用最安全、因户施策最精准、群众参与最积极、经济效益最突出、扶贫效果最显著"的"五最"效应。为贫困户找到一条适合自身条件的产业发展之路。目前，全县购买能繁母牛 5.2 万头，共产牛犊 3.6 万头，增值3.1 亿元，实现 3.3 万户 13.9 万人的稳定脱贫。

2. 对标"三难"问题，协同共管建机制

（1）建立扶贫小额信贷联席会议机制。由威宁县扶贫办牵头，威宁县金融办、财政局、人行、银监办、信合联社为成员单位，定期召开联席会议，重点解决扶贫小额信贷发放管理过程中政策宣传、办理流程、风险化解等问题，共同参与、监督、管理扶贫小额信贷。

（2）建立风险管控小组监督机制。乡镇成立以行政村为单位的扶贫小额信贷风险管控小组（由乡镇政府相关人员、村"两委"主要负责人、驻村干部、信用社负责人组成），负责监督管理发放的扶贫小额信贷资金使用情况。充分发挥驻村工作组、结对帮扶干部和村干部的作用，在开展走访帮扶中，加强贷款政策宣传，强化贷款用途监督，及时提醒贫困户贷款到期时间，防止逾期风险。

（3）建立风险共担的补偿机制。建立了县级风险补偿机制，按部门职能落实责任，确保扶贫小额信贷工作正常化开展。由县财政按

1：10的比例注入风险补偿金，当扶贫小额信贷逾期导致信贷资金损失时，对贷款损失本金按照政府70％和农信社30％的比例进行分摊代偿。

（4）建立扶贫小额信贷"贷款熔断"机制。制定出台《威宁县扶贫小额信贷风险处置预案》，规范扶贫小额信贷风险处置，当全县扶贫小额信贷不良率超过3％或乡镇（街道）不良率超过5％时，启动实施贷款熔断机制，暂停办理新增扶贫小额信贷业务，通过代偿或清收处置，不良率下降到设定指标后再恢复贷款发放。

3. 破解"三难"问题，风险防控有招数

（1）强化政策宣传，培育诚信意识。严格把握扶贫小额信贷政策要点，自上而下统一宣传口径，让基层执行政策不跑偏，贫困户政策知晓不走样。通过农信"金融夜校"，农信"微喇叭"等多维度、广渠道开展线上线下金融知识宣传教育，增强贫困户内生发展动力，提高贫困户对金融扶贫政策的知晓度和满意度，培育贫困户诚信意识。

（2）推行网格管理，实施精准防控。一是推行客户经理制。按照"包产到户"的管理模式，将网格内扶贫小额信贷发放管理纳入客户经理计价考核，既调动了客户经理工作的积极性，又倒逼客户经理精准管理网格扶贫小额信贷，精准落实到逾期贷款催收责任。二是实行贷后管理责任制。落实网格扶贫小额信贷贷后综合状况摸底排查责任，定期对辖区内扶贫小额信贷进行摸底排查，及时了解贫困户生产经营状况，对其还款能力和意愿做到了底数清情况明，有效地防范了信贷风险。

（3）开展广泛监督，确保资金安全。一是建立《扶贫小额信贷定期回访制度》。在当月发放扶贫小额信贷后5～15个工作日内进行定期回访，跟踪扶贫小额信贷资金的使用，确保扶贫小额信贷用途合规。二是建立《扶贫领域民生监督制度》。成立扶贫领域民生监督领导小组，在农信社党支部设立民生监督工作小组，明确网点负责人为民生监督第一责任人，网点会计为民生监督员，负责对涉及扶贫民生领域进行监督管理，切实做到"三个确保"（确保扶贫小额信贷对象精准、利率精准、资金足额到位），实现"四个全覆盖"（贫困户遍访全覆盖、政策宣传全覆盖、有效信贷需求全覆盖、定期回访全覆盖）。

截至 2020 年 4 月底，威宁县扶贫小额信贷余额户数 33622 户，余额 13.29 亿元。全县扶贫小额信贷逾期 289 笔 867.67 万元，逾期率 0.65%（其中，不良户数 237 户，余额 727.15 万元，不良率 0.55%，不良面 0.70%）。从近三年扶贫小额信贷到期收回情况看，到期收回率达 99.44%，扶贫小额贷款不良率显著低于同期其他农户贷款，到期收回率明显高于其他农户贷款，实现了扶贫小额信贷资金"放得出，用得好，收得回"的目标。

【经验启示】

1. 坚持政府统揽全局，高位推动，形成决胜脱贫攻坚新氛围

县委、县政府站在全局高度，统一调度，统筹安排部署金融扶贫工作，形成了"统筹协调、定期汇报、专题研究、按月调度"的工作格局，为农信社全力推动扶贫小额信贷政策落地提供坚强有力的保障。

2. 建立县乡村三级联动体系，协同共抓，有效解决扶贫小额信贷"四个精准"

以持续开展农村信用工程建设为抓手，构建由"政府主导、农信社主抓、村'两委'配合、农户广泛参与"四位一体的农村金融服务体系，改善农村金融生态环境。推行网格化管理和客户经理制，通过精准识别、精准摸排、精准管理三个手段，逐户掌握贫困户资金需求动向，积极为建档立卡贫困户提供方便、快捷的金融服务，确保扶贫小额信贷"政策执行精准、扶贫对象精准、产业选择精准、项目投向精准"。

3. 建立部门联动推进机制，合力共管，有效防控扶贫小额信贷风险

建立由县扶贫办、财政局、金融办、人行、银保监等部门组成的联席会议制度，定期召开专题联席会议，及时解决扶贫小额信贷推进工作中出现的新问题。不断推进扶贫小额信贷发放、管理、使用、监督、贴息以及风险代偿等扶贫政策落实，提高政策执行效果。通过建立风险补偿机制，逐步推动形成"政府支持、市场引导、银行助力"模式，有效降低扶贫小额信贷风险。

4. 聚焦县域产业发展，依托资源禀赋，有效发挥扶贫小额信贷作用

扶贫小额信贷投向要精准用于创收增收项目，结合当地产业结构调整规划，依托地方资源禀赋，以市场为导向，尊重贫困户发展意愿，因地制宜，选准产业，加强对贫困户资金使用引导，激发内生动力，提高扶贫小额信贷使用效益。

创新服务模式，建立「七专」机制

——湖北省农信联社案例

湖北省农村信用社联合社会同湖北省扶贫办，创新服务模式，建立"七专"（专项计划、专门档案、专优利率、专设模式、专门流程、专项资金、专项考核）工作机制，勇担社会责任，发挥机构网点多的优势，在加大信贷投放上精准发力，把扶贫扶到点上、扶到根上。

【背景介绍】

湖北省农村信用社联合社（以下简称"湖北省农信联社"）是全省资产规模最大的金融机构，拥有 2142 个银行网点，覆盖了全省各乡镇，能为贫困村以及贫困群众提供更多更及时的金融服务，在金融精准扶贫实践中，总结出"专项计划、专门档案、专优利率、专属模式、专门流程、专项资金、专项考核"的"七专"工作机制，集中信贷资源，加大信贷投放，强化责任落实，创新产品和扶贫模式，优化金融服务，为湖北省如期打赢脱贫攻坚战贡献了农信力量。

【做法成效】

1. 专项计划，讲政治，有担当

综合考虑全省贫困人口分布、扶贫小额信贷总任务等因素，单列扶贫小额信贷计划，要求全省农商行扶贫小额信贷和精准产业扶贫贷款增速总体高于各项贷款平均增速，对符合贷款条件的建档立卡贫困户的扶贫小额信贷需求应贷尽贷，并将计划分解到网点、到岗位、到人员，确保扶贫小额信贷帮扶到位。

2. 专门档案，讲精准，有目标

根据建档立卡贫困户信息，逐户走访，对有贷款意愿、有创业潜质、有技能素质、有一定还款能力和信用良好的建档立卡贫困户进行重点对接，不断提高贷款贫困户的覆盖面。截至 2019 年年底，已完成对全省 191 万户建档立卡贫困户和 781 万农户的调查建档评级，覆盖面分别达到 100％和 78％，为扶贫小额信贷"贷得出、用得好、还得上、能致富"，提供了强有力的信息保障。

3. 专优利率，讲帮扶，有责任

对全省符合条件的建档立卡贫困户发放"5万元以下、3年期以内、免担保免抵押、基准利率放贷、财政贴息、县建风险补偿金"的扶贫小额信贷。对受疫情影响出现还款困难的1.37万户、5.52亿元扶贫小额信贷，延长还款期限、下调延期贷款利率。

4. 专设模式，讲创新，有办法

积极创新金融扶贫模式，拓宽建档立卡贫困户贷款渠道。湖北省农信联社机关派驻扶贫工作队，对口帮扶恩施市芭蕉侗族乡灯笼坝村，投入帮扶资金700余万元，发放扶贫小额贷款1500万元，帮助该村实现了翻天覆地的变化。2017年该村实现整村出列，并被评为"全国文明村"。2019年年末，累计脱贫383户1274人。随州农商行推出"贫困户＋农商行＋土地流转"扶贫模式，累放贷款1.02亿元，支持46家专业合作社、家庭农场流转6.06万米^{2}土地开展规模种植，带动819户贫困户增收致富。襄阳农商行打造"贫困户＋农商行＋乡村能人"扶贫模式，支持贫困村创业致富带头人张某，带领全村46户贫困家庭发展生猪养殖。竹山农村商业银行通过"贫困户＋农商行＋创业大户"扶贫模式，累计发放外出创业及返乡农民工创业贷款1.2亿元，被创业老乡亲切称为"娘家银行"。

5. 专门流程，讲服务，有效率

参照村级社区评定的信用级别，对建档立卡贫困户授信，"一次核定、随用随贷、余额控制、周转使用"。疫情期间，"特事特办、急事急办"，建立信贷服务绿色通道，简化贷款审批流程，适度下放审批权限，推行先行受理、后补充资料的容缺办理机制，尽可能简化扶贫小额信贷业务流程和手续，为贫困户提供更加便捷的办贷服务。

6. 专项资金，讲质量，可持续

主动向地方政府汇报，对接扶贫、监管、财政、税务、保险等部门，积极争取风险补偿金、扶贫再贷款、贷款贴息、税收减免等政策支持。先后争取扶贫再贷款 15 亿元，为金融精准扶贫提供了强有力的资金保障。积极争取政府风险补偿金，建立风险分担机制，有效降低扶贫小额信贷风险。截至 2020 年 8 月底，全省农商行逾期率 0.42%，连续多年控制在较低水平。

7. 专项考核，讲激励，有实效

将脱贫攻坚信贷投放计划完成情况和扶贫小额信贷不良率与市（县）行领导班子绩效工资、评先及个人晋升挂钩，有效带动全省农村商业银行 3 万多名干部员工工作热情。截至 2020 年 8 月底，在新冠肺炎疫情严重影响下，依然对 18.87 万贫困户给予信贷支持，当年新发放扶贫小额信贷 27.7 亿元，扶贫小额信贷余额达 81.63 亿元，约占全省银行业的 85%，不良率控制在 0.06%。

【经验启示】

1. 金融扶贫是银行担当企业社会责任的重要体现

农村商业银行根植于农村，帮助贫困户脱贫致富是农村商业银行义不容辞的社会责任，而社会责任是企业做大做强的关键基石。金融机构要把贫困户视为宝贵财富，为其提供全方位的高效金融服务。在贫困群众需要时帮一把，是农商行应尽的社会责任，经过一段时间合作，贫困群众了解和认可了农商行的产品和服务，就会把农商行作为长期的合作伙伴，进一步促进农商行的可持续发展。

2. 脱贫攻坚既需要政策保障，又需要多部门协调推进

精准扶贫不是简单的一对一，在工作实践中，一方面要严格执行

政策制度，统一执行标准、统一规范协议、统一上报口径，另一方面，需要与各级政府部门加强沟通联系，争取政府在农商行足额设立风险补偿金，争取人民银行的再贷款支持和地方税收优惠政策，形成推动精准扶贫工作的强大合力。

创新评级授信，精准金融供给

——湖南省农信联社案例

　　湖南省农村信用社联合社瞄准建档立卡贫困农户金融需求，以特定的评级授信系统为切入点，落实扶贫小额信贷政策产品和服务，创新"433"评级授信办法，强化产业带动和利益联结，健全金融扶贫保障机制，有效发挥了农村信用社作为农村金融主力军的突出作用。截至 2019 年 5 月底，湖南全省农信系统累计发放扶贫小额信贷 56 万笔，金额 225.9 亿元，带动 50 余万贫困户发展生产增收脱贫，走出扶贫小额信贷"贷得到、用得好、收得回、可持续"的金融精准扶贫新路径。

【背景介绍】

湖南省农村信用社联合社（以下简称"湖南省农信联社"）下辖102 家农商行，机构网点 4204 个，其中超过 80％的网点分布在乡镇和社区，是湖南全省机构网点最多、从业人员最多、服务对象最多、服务范围最广的地方性银行业金融机构。2013 年 11 月 3 日，习近平总书记来到湖南湘西考察，首次提出了精准扶贫方略。湖南省扶贫办和省农信联社认真落实总书记的嘱托，围绕发展生产的要求，开展了金融参与精准扶贫、放大金融扶贫作用的新探索。2014 年 9 月，湖南省扶贫办与省农信联社联合出台了《关于开展金融产业扶贫工作的指导意见》，在人民银行和银保监部门指导下，创新推出了扶贫小额信用贷款特色产品，制定了配套的试点方案、实施细则、管理办法、操作规程等制度办法，并于 2014 年 11 月在 23 个重点贫困县正式启动扶贫小额信贷的试点和推广工作。2015 年 3 月 28 日，全国扶贫小额信贷座谈会在湖南麻阳召开，国务院扶贫办肯定和推广了湖南的做法。2019 年 4 月，湖南省为有效解决贫困户后续生产发展的资金难题，在宜章县开展了深化扶贫小额信贷试点工作。2019 年 5 月 24 日，全国扶贫小额信贷工作会议在湖南宜章县召开，现场观摩交流了宜章县扶贫小额信贷的经验做法。

【做法成效】

1. 创新"433"评级授信系统，为贫困户定制扶贫小额信贷产品

针对贫困户无资产抵押、达不到商业银行信贷准入条件难题，湖南省农信联社找准贫困户经济特点与银行商业化经营的结合点，率先

于 2014 年专门设计了评级授信系统，创新推出了扶贫小额信用贷款特色产品，解决了贫困户"贷款难"的问题。该系统仅设置个人诚信度、家庭劳动力和人均收入三项指标，三项指标的权重为 4 : 3 : 3，总分值 100 分，根据评分确定 1～4 个信用等级，评分在 70 分以上的可获得授信，授信额度根据分值的大小分段设定，最低 1 万元，最高 5 万元，为贫困户打通了获得贷款的通道。该产品的突出特点：一是突出了个人诚信度、家庭劳动力两项指标。这两项指标的权重达到了 70%，只要这两项指标达标，即可获得评级和授信。二是发放信用贷款。获得有效授信后，贫困户无需担保和抵押，只要凭身份证、贷款证，就可以在授信额度内申请贷款，解决了贫困户贷款无资可抵、无人可保的问题。三是实行基准利率放贷。贫困户贷款一律执行中国人民银行同期同档次贷款基准利率，比普通贷款利率降低 50% 左右，缓解了"贷款贵"的问题。四是贷款期限灵活确定。根据产业生产周期确定贷款期限，脱贫攻坚期内贷款期限一般安排在 3 年以内。

2. 争取财政扶贫资金支持，推动扶贫小额信贷可发展可持续

围绕扶贫小额信贷"贷得出、收得回、可持续"这一目标，湖南省农信联社与省扶贫办采用财政产业帮扶资金撬动银行信贷资金的方法，形成了推动扶贫小额信贷可持续与扶贫产业帮扶资金效果不断放大的双赢局面。一是用政府扶贫产业帮扶资金对扶贫小额信贷实行全额贴息，贴息年限最长 3 年。这样减轻了贫困农户的经营负担，同时让政府扶贫资金在产业帮扶上更加精准。二是建立扶贫小额信贷的风险补偿金，由产业帮扶资金和政府财政资金构成。每个县先建立 300 万元风险补偿金，以后按贷款额度的相应比例进行增补；农信社在风险补偿金额度的 10 倍以内发放贷款，风险补偿金用于处置贷款风险。这样可以有效化解扶贫小额信贷的风险损失，同时放大了扶贫资金的扶贫效果。三是制定扶贫小额信贷风险处置办法。根据风险形成的原因明确了农信社与扶贫部门各自分担的比例及处置的方式和流程。例如，因市场因素、自然灾害、疾病等原因造成的贷款损失，由风险补偿金补偿 80%～90%，农信社承担余下的10%～20%。

3. 聚焦产业发展，强化产业带动和利益联结

贫困地区发展、贫困户脱贫主要依靠产业带动，产业基础越牢固，带动作用就越明显。扶贫小额信贷要发挥精准扶贫作用，既要瞄准贫困户，又要锁定产业项目，强化利益联结。湖南省农信联社持续围绕"贷款跟着穷人走、穷人跟着能人走、能人跟着产业走、产业跟着市场走"的金融产业扶贫思路，构建利益联结机制，推动贫困户发展生产，做到扶贫小额信贷"用得好"。这里的"贷款"专指扶贫小额信贷，这里的"穷人"专指建档立卡贫困户中有劳动能力的贫困户，这里的"能人"指当地的产业带头人。这个思路的核心就是通过利益联结机制，把当地的贫困对象与当地的产业项目进行对接，引导能人发展产业，带动贫困对象通过生产劳动实现脱贫。一是推动发展生产脱贫。凡是符合"四有两好一项目"条件的建档立卡贫困农户，即有劳动能力、有致富愿望、有贷款意愿、有收入保障，遵纪守法好、信用观念好，参与产业扶贫开发或自主选择较好的小型生产经营项目，均可以参加评级和授信，获得扶贫小额信贷。二是精选产业项目。通过协同扶贫部门商讨帮扶方案，结合物流、供应链等市场要素，采取"银行＋园区＋企业＋基地＋贫困户"等模式，帮助贫困户选择发展前景好、见效快、受众广的差异化产业项目，持续带动地方经济发展和周边贫困户脱贫增收。三是发展培育产业"带头人"。加强与种养大户、农民专业合作社、农业龙头企业等新型农业经营主体的沟通对接，发放扶贫产业链贷款，发动产业带头人投身参与金融产业扶贫，培育和吸纳贫困户发展扶贫产业和就业。四是加强产销对

接。强化对扶贫农副产品销售体系配套市场的信贷支持，促进贫困地区农副产品销售，打通销售渠道"堵点"，走好产业发展"最后一公里"。

4. 健全扶贫保障机制，引导扶贫小额信贷走实走深

2016 年年底，扶贫小额信贷在湖南省全面推进，对建档立卡的贫困农做到"应贷尽贷"。全省 214 万户建档立卡贫困户中，有 211 万户在湖南农信联社进行了评级，评级比例为 98.6％；符合"四有两好一项目"条件的 176 万户获得了授信，授信比例为 82.2％，授信金额 436 亿元。为推动扶贫小额信贷可持续发展，湖南省农信联社加强了保障和支持机制建设。一是加强组织领导，强化工作对接。省农信联社与省扶贫办紧密合作，形成了常态化、长效化的精准扶贫机制。各级农信社与扶贫部门明确职责、合理分工、通力合作，各有侧重地加大了推动力度。建立健全了涵盖实施方案、实施细则及扶贫贷款管理、操作规程、专项统计、尽职免责办法等一整套制度体系，实施了以贫困户评级面、风险补偿金到位率、扶贫贷款累计逾期率、不良率等指标为重点的金融扶贫工作考核体系，构建了以贷款贴息、风险补偿、联席会议、督查督办、数据信息等为主要内容的多方面多层次合作机制，形成了推进扶贫小额信贷、做实金融精准扶贫的强大合力。二是加强驻村服务，提升服务水平。为广泛持续推进普惠金融服务，省农信联社落实中国人民银行长沙中心支行关于贫困村金融服务站建设的工作要求，以农商行为主联系行，全面开展贫困村金融服务站建设，为贫困户提供评级授信、支付结算、金融知识宣传等基础性金融服务。截至 2020 年 5 月底，全省农商行已建成贫困村金融服务站 5389 个，占全省金融机构服务站的 77％以上。三是加强政策衔接，深化扶贫效果。针对贫困户后续生产发展的资金难题，省农信联社与省扶贫办、省财政厅联合在宜章县开展深化扶贫小额信贷试点工作，探索延长政策期、放大贷款额，营造贫困地区发展产业持续增收致富的机制环境，明确产业发展较好且还贷守信的脱贫户在 2023 年前可继续享受扶贫小额信贷政策，对脱贫户扩大生产的贷款授信额度可提高到 10 万元。2020 年 2 月 10 日国务院扶贫办和银保监会印发的《关于积极应对新冠肺炎疫情影响 切实做好扶贫小额信贷工作的通知》对宜章县的做法进行了推广。

【经验启示】

1. 发展产业，激活脱贫攻坚"发动机"

发展产业是实现贫困人口脱贫的根本之策，也是有效防止返贫的主要途径，更是脱贫攻坚衔接乡村振兴的重要纽带。只有立足区位优势，突出自身特色，大力发展优势产业，才能持续增加贫困户收入。湖南省在金融扶贫工作中鼓励支持优质新型农业经营主体和创业致富带头人发展优势特色产业，增强了产业扶贫的带动性和持久性。只有扎根产业发展，推进产业扶持入村、入户、入企业，才能高质量打赢脱贫攻坚战，确保贫困农户真脱贫、不返贫。

2. 创新服务，增强脱贫攻坚"活力源"

开展金融扶贫工作，需要根据贫困户的实际情况和具体问题，创新产品和服务。贫困户缺乏有效抵押担保，难以获得常规金融服务。湖南农信设计的扶贫小额信贷产品，解决了贫困户贷款难问题。为了缓解产业周期与贷款期限不匹配的问题，湖南农信推出了扶贫小额信贷无还本续贷功能。

3. 政银合作，搭建脱贫攻坚"新支点"

推进精准扶贫、精准脱贫，必须要让政府这只"看得见的手"和市场这只"看不见的手"同时发力、同向发力。扶贫小额信贷的推出，为实现"两手抓"提供了一个重要支点。扶贫小额信贷形式上是扶贫资金与信贷资金的结合，实际上是政府主导和市场作用的结合，着力点是政府部门与银行机构的紧密合作，关键点是以评级授信把农村长期积累的信用资源货币化、资本化，结合点是信用资源与人力资源、自然资源等多种生产要素的货币化、资本化、市场化，进而实现农村经济资源与金融资源、银行机构与基层治理、金融科技创新与脱贫攻坚乡村振兴的紧密融合、良性互动、协调发展，最终把贫困地区、有劳动能力的贫困户脱贫推上可持续的轨道。

贵州省农村信用社联合社制定金融扶贫五年规划，建立金融扶贫工作机制，坚持"五个精准"（精准识别、精准切入、精准放贷、精准管理、精准防范），发挥扶贫信贷杠杆作用，嵌入"五张名片"（把信用工程建设、信合村村通、助农脱贫流动服务站、金融夜校和农民工金融服务中心嵌入金融扶贫工作），全力做好贫困人口扶贫小额信贷金融服务工作，有效支持了贫困地区的产业发展。

坚持『五个精准』，全力助农脱贫

——贵州省农信联社案例

【背景介绍】

2015 年, 贵州省正式启动扶贫小额信贷工作精准支持贫困农户发展产业。2015 年 12 月 17 日, 贵州省要求县级政府建立风险补偿机制, 为有效防范扶贫小额信贷风险提供了机制保障, 推动贵州省扶贫小额信贷工作创新发展, 切实解决了建档立卡贫困户贷款难、贷款贵、还款难及产业扶贫资金支持和贫困地区金融服务不到位等问题。近 5 年来, 贵州省农信联社通过落实扶贫小额信贷政策, 为 205 万贫困户、623 万贫困人口提供扶贫小额信贷支持和金融服务, 支持贫困地区产业发展。

【做法成效】

1. 着力构建机制, 推动扶贫政策落地

《贵州省 "33668" 扶贫攻坚行动计划》实施以来, 贵州省农信联社切实制定金融扶贫五年规划, 建立金融扶贫工作机制, 落实扶贫小额信贷精准投放措施, 要求全省农信社做实金融扶贫对象, 做实金融扶贫工作, 做实金融扶贫成效, 全力实施 "三做实一保障" 工程, 自上而下成立扶贫开发工作领导小组, 全面推进金融精准扶贫工作。层层设立扶贫事业部, 实行单独绩效考核, 单列信贷计划, 配备专门工作人员, 专司金融扶贫工作; 建立联席会议制度、定期报告制度, 强化协同共建、组织联动、跟踪服务、银政互动 "四项机制" 建设, 切实加强扶贫工作的组织协调; 认真落实金融精准扶贫 "一把手" 工程, 建立省、市、县、乡四级挂帮机制, 贵州省农信联社及党工委挂帮到县, 行(社)挂帮乡镇, 基层信用社挂帮村组, 员工挂帮农

户,全面开展贫困村、贫困户遍访;建立干部驻村帮扶机制,2015年以来,从农信系统累计选派 368 人参加全省国资系统驻村帮扶工作,重点解决金融精准扶贫服务问题,全面推动扶贫小额信贷政策落地。

2. 落实五项措施,确保扶贫小额信贷精准投入

金融扶贫五年规划实施以来,贵州省农信联社发挥点多面广、贴近农户的整体优势,积极创新扶贫方式,坚持"五个精准",加大扶贫小额信贷投入,有效助推全省脱贫攻坚。

一是精准识别,找准扶贫对象。2015 年以来,贵州省农信联社指导各行(社)积极对接扶贫部门,围绕全省 205 万贫困户 623 万贫困人口,全面收集建档立卡贫困户信息,认真比对,精准识别,准确纳入,建立辖内贫困农户档案和数据库。结合精准扶贫结对帮扶干部、产业扶持、农村危房改造、扶贫生态移民等"六个到村到户"要求,通过"一看房、二看粮、三看劳动力强不强、四看有没有读书郎"的"四看法",进村入户,深入贫困农户开展调查,进行综合分析评判,摸实弄清贫困农户情况,把准看透贫困原因,精确识别农户贫困程度。2015 年以来,在全省 189.68 万建档立卡贫困农户中,农信社建立农户档案 181.88 万份,建档率达 95.88%,评定信用农户 167.53 万户,授信金额 670.12 亿元。

二是精准切入,落实政策要求。为贯彻落实习总书记"四个切实""五个一批""六个精准"要求,贵州省农信联社坚持把扶贫作为首要政治任务,紧密结合贫困农户生产经营状况、信贷需求和偿贷能力等因素,积极落实扶贫小额信贷政策,为建档立卡贫困户提供"5万元(含)以下、3 年期以内、免担保免抵押、扶贫贴息支持、县级风险补偿"的低利率、低成本的贷款支持。围绕精准扶贫"扶持谁、谁来扶、怎么扶、如何退"的"四问"答卷,省联社结合农村信用工程创建，开展建档立卡贫困户比对，精准切入贫困农户，确保扶贫小额信贷产品与支持对象有效衔接，扶贫小额信贷资金真正用于贫困农户发展生产，增强贫困农户持续致富能力。

三是精准放贷，全力助农脱贫。为确保贫困户顺利获得贷款支持，贵州省农信联社充分利用农村信用工程信息数据，指导各行（社）在农村信用工程体系中把贫困农户纳入评级授信范围，确保建档立卡贫困户评得上级、贷得到款、享受到政策红利，切实提高贫困地区贫困人口扶贫小额信贷可获得性，推动扶贫小额信贷政策全面落实落地。并按照"能贷尽贷"的原则，对已评级授信建档立卡贫困户，在贫困户所在地进行村组公示，公示期无异议，向贫困户发放贷款证（卡），贫困户持有效身份证件、贷款证（卡）、个人银行结算账户等向所在信用社申请贷款，信用社限期内办结相关手续，及时、精准提供扶贫小额信贷支持。截至 2020 年 5 月末，贵州全省农信社累计发放扶贫小额信贷 496 亿元，支持 87.2 万户贫困户解决发展生产资金需求，扶贫小额信贷余额 178.12 亿元，余额户数 39.67 万户。

四是精准管理，提升扶贫质效。加强与扶贫部门联动，贵州省农信联社建立贫困农户信息网络系统，及时录入更新扶贫对象基本资料、发展变化等情况，实施动态管理。建立贫困农户档案及台账管理制度，落实一户一档案、一户一台账、一户一帮扶措施，确保扶贫小额信贷投到最需要支持的贫困户的生产经营活动中。结合贫困农户发展实际，按年对扶贫对象进行调整，完善建档立卡贫困户进入和退出机制，对清退的贫困户及时退出，对应支持的贫困农户及时纳入，坚持有进有出，确保扶贫信息真实、准确，使真正贫困的农户获得有效支持。

五是精准防范，建立补偿机制。为保证建档立卡贫困户贷款"贷得出、用得好、收得回"，贵州省农信联社会同省扶贫办、省财政厅共同制定风险补偿机制，明确由县级财政出资，在农信社开设"风险补偿资金"专户，在扶贫小额信贷发生风险时进行补偿，风险补偿资金首期注入不低于500万元，不足部分由县级财政每年按县级一般公共预算收入增量10%的50%部分用于扶贫小额信贷专项风险补偿资金，根据扶贫小额信贷增长情况及时补充注入，风险补偿资金实行封闭管理，滚动使用。截至2020年5月底，贵州省各县（市）地方财政注入专项风险补偿金余额13.3亿元，目前，共47县（市、区）启动了风险补偿机制，累计启动风险补偿7444户，补偿金额2.65亿元，为有效防范扶贫小额信贷风险提供了坚强的资金保障。

3. 拓展支持领域，发挥扶贫信贷撬动效应

贵州省农信联社围绕贵州省委、省政府脱贫攻坚战略部署和产业扶贫要求，充分发挥扶贫信贷资金撬动效应，突出主导产业，选准优势项目，加大绿色产业基金、一县一业"深扶贷"等信贷投放力度。截至2020年5月底，累计投放绿色产业扶贫投资基金项目862个，金额63.87亿元，带动1万余户贫困户增收，3.1万余人就业。创新推出低利率、低成本、促产业、助脱贫的一县一业"深扶贷"，支持深度贫困县发展现代山地特色优势产业，充分发挥产业脱贫带动作用，助推深度贫困县贫困人口持续稳定增收。2017年以来，全省农信社累计投放一县一业"深扶贷"25526户，金额37.7亿元，带动3.91万户贫困户就业增收。积极支持"三变"改革，率先推出"三变贷"农户贷款，激活农村沉睡资源，激发农户内生动力，增加农户财产性收入，助力贫困户增收脱贫，提升扶贫质效。累计投放"三变贷"农户贷款85.15亿元，支持12.36万户农户及贫困户参与"三变"改革发展。

4. 嵌入"五张名片"，补齐信贷精准扶贫短板

结合扶贫小额信贷投放工作需要和贫困农户金融服务需求，贵州省农信联社坚持把信用工程建设、信合村村通、助农脱贫流动服务站、金融夜校、农民工金融服务中心"五张名片"融入脱贫攻坚，补齐信贷精准扶贫短板，提升普惠金融扶贫质效。以农村信用工程创建为依托，累计创建信用组 124493 个，信用村 12915 个，信用乡（镇）986 个，信用县 21 个，信用市 1 个，在评级授信中增加"特惠级"农户，有效解决贫困户"贷款难"问题。在全省设"信合村村通"15939 个、"助农脱贫流动服务站"1540 个，方便贫困户办理存取款等业务，减少往返费用支出。累计开办"金融夜校"112.46 万场次，培训 2104.67 万人次，传播党和国家的扶贫政策、扶贫小额信贷贷款条件、办贷流程，以及金融知识和种养殖信息等，纵深推进扶贫扶志扶智工作。在全国设 13 个农民工金融服务中心，有针对性地开展特色金融服务，建立贵州籍农民工及贫困户档案，切实解决外出贫困户农民工在务工地无法获得扶贫小额信贷支持问题，有效提供金融知识、致富信息、维权帮助等，让服务跟着农民走，跟着贫困户走。累计发放农民工及贫困户返乡创业贷款 82.95 万户，金额 782 亿元；农民工外出创业贷款 41.9 万户，金额 277 亿元。

【经验启示】

1. 坚持精准扶贫，强化精准施策，才能确保扶贫小额信贷的投向精准

围绕精准扶贫扶持谁、谁来扶、怎么扶、如何退"四问"答卷，要积极对接地方扶贫部门，摸清贫困情况，充分运用农村信用工程建设成果，找贫困农户致贫的"贫根"，因贫因类施策，因人因地确定扶贫小额信贷的投向和投量；找准适合的贫困农户生产和产业扶贫项目，针对不同贫困原因和项目特点，制定差异化金融扶持方案，对症下药、精准滴灌、靶向治疗，才能确保金融精准扶贫政策更多惠及贫困户和贫困人口。

2. 坚持发挥优势，拓展支持领域，才能不断提升产业扶贫信贷支持质效

在做好扶贫小额信贷精准脱贫，精准助农增收的基础上，要全面对接县域职业教育、医疗卫生、乡村旅游、农村电商、生态经济、易地扶贫搬迁等扶贫项目，加大对贫困地区农民专业合作社、龙头企业、种养大户等新型经营主体贷款支持力度，为贫困地区发展扶贫产业提供扶贫信贷支持和全方位金融服务，有效促进贫困地区"三产"融合发展，充分发挥扶贫产业带动贫困人员增收致富效应，提高产业增值能力和吸纳贫困劳动力就业能力。

3. 坚持协同推进，着力扶志扶智，才能有效激活贫困农户发展的潜在内生动力

要立足贫困地区、贫困群众实际和不同主体金融需求，把金融信贷扶贫和扶贫扶志扶智有机结合起来，持续引导贫困户生产意识、思维方式和行为习惯的转变，增强贫困地区贫困农户发展意识，提升自我发展能力；持续增加扶贫小额信贷投入和扶贫、扶志力度，不断激活贫困地区贫困农户内生动力，增强自我发展、自我"造血"功能，切实巩固和拓展金融助力脱贫攻坚成果。

量体裁衣是基础，特惠服务是目的

——宁夏黄河农村商业银行案例

宁夏黄河农村商业银行创新"631"评级模式，优化金融扶贫服务，深化银政合作，建立和完善组织保障机制，以支持产业发展带动扶贫小额信贷投放，对符合贷款条件的建档立卡贫困户"应贷尽贷、能贷快贷"，解决了建档立卡贫困户贷款"门槛高、评级难、贷款难、担保难、贷款贵、额度小、期限短"等系列问题。

【背景介绍】

宁夏黄河农村商业银行（以下简称"黄河银行"）于 2008 年 12 月由原宁夏回族自治区农村信用联社和银川市农村信用联社合并组建。至 2020 年 6 月底，宁夏黄河农村商业银行全系统各项存款余额 1363.6 亿元，是宁夏全区唯一一家存款突破千亿元的金融机构。2015 年 6 月，黄河银行为建档立卡贫困户量身定制"631"评级授信模式，推出了"信用＋产业＋金融"的"盐池模式"。2016 年 4 月，"盐池模式"作为扶贫小额信贷的典型经验被宁夏回族自治区政府推广到全区；2017 年 2 月被国务院扶贫办正式推广到全国。

【做法成效】

1. 创新金融服务方式，让贫困户贷得到

针对建档立卡贫困户积贫积弱、无有效资产等现状，黄河银行推出了"631"评级授信模式，将农户小额贷款评级授信中的诚信度占比由过去的 10％提高到 60％，将资产状况由 60％调整为 30％，将家庭基本情况由 30％调整为 10％，在信用评级中将传统的"重资产"评级转变为"重诚信"评级。同时根据建档立卡贫困户的实际发展需求，将贷款年龄上限放宽至 65 岁，让身体健康、有发展意愿、有产业项目的超龄人群参与到产业项目中（主要是养殖业），使他们老有所为、老有所养。对建档立卡贫困户不良贷款形成原因进行再核查，将历史遗留下来的"黑名单"贫困户进行分类释放，对非主观恶意形成不良贷款的贫困户实施"信用重建"，再度进行评级授信，给予贷款支持，使贫困户"信用变资产、资产变资金、资金

变收益"。

2. 完善金融服务体系，让贫困户用得好

最大限度为建档立卡贫困户贷款减费让利，扶贫小额信贷一次授信 3 年，贫困群众可随用随取、周转使用，用一天贷款计算一天利息，不用不生息，最大限度方便贫困户生产经营，让贫困户贷款像存款一样方便。综合运用大数据、生物识别、电子签名等新金融技术，对已获得扶贫小额信贷支持的贫困户通过手机端或其他电子渠道，即可自助注册、自助用信、自助还款，不见面、零接触、随时办，让数据多跑路，让贫困户少跑腿。本着"扶上马、送一程"的原则，黄河银行全力满足已脱贫户实施产业倍增计划的资金需求，解决贫困户发展产业的"痛点"和"难点"问题。

3. 实施产业带动扶贫，让贫困户富得快

黄河银行加快推进产业扶贫"示范带动"工程，根据各县（区）资源禀赋、产业基础、贫困群众种养意愿，创新信贷支持产业带动脱贫富民政策措施。一方面通过扶贫小额信贷支持贫困户发挥自身优势特长，大力发展"村村种草、户户养牛（羊）、家家发展农家乐"。另一方面，积极支持能够吸收贫困人口就业、带动贫困人口增收的绿色生态种养业、休闲农业、乡村旅游、农村电商等特色产业发展，按照贫困地区龙头企业生产经营需求和形成利益链长短、带动贫困户增收致富人数的多少，给予降低利率、延长期限、增加额度等信贷优惠政策，强化龙头企业、合作社、家庭农场联农带农机制。支持贫困地区精准实施"一县一业、一乡一品、一村一特"的产业扶贫发展格局，把贫困人口镶嵌在产业链上，让贫困人口分享更多的收益，早日脱贫致富。

4. 健全金融服务机制，让扶贫小额信贷做得实

黄河银行专设金融扶贫工作部，制定《黄河银行系统"十三五"

期间金融扶贫规划》，按年度印发扶贫小额信贷工作方案。把扶贫小额信贷确定为"一号"工程，由党委书记亲自抓，实行党委班子分片包干制，各县（区）机构一把手负总责，层层分解、任务到人。把扶贫小额信贷纳入年度考核，任务目标与县（区）联社（农商行）班子成员薪酬绩效、评先评优、职务升迁挂钩。制定了《黄河银行系统扶贫贷款尽职免责操作指引》，明确了扶贫贷款尽职要求和免责范围，消除基层客户经理惧贷、惜贷思想。印发《黄河银行系统金融精准扶贫工作督查方案》《黄河银行系统扶贫领域作风问题专项治理实施方案》，逐条逐项开展自查自纠，及时对扶贫小额信贷工作中出现的问题进行整改，强弱项、补短板。对政策执行不力、任务进展缓慢的县（区）机构实施问责，保障扶贫小额信贷高效健康发展。坚持"定格、定岗、定员、定责"四定原则，将网格范围内的贫困户、边缘户、扶贫龙头企业、扶贫产业合作社、"两个带头人"等全部纳入服务范围。主动做好与当地县委、县政府、扶贫部门、乡（镇）政府、村"两委"的"四个对接"工作，及时掌握扶贫产业项目和扶持政策。逐村开展"四必访"活动，向"两个带头人"、扶贫产业经营主体、创业能手、党员和村民代表问计信贷需求，征求扶贫小额信贷工作意见，形成全方位、立体式、带动强、精准度高的金融扶贫服务格局。坚持扶志与扶智相结合，黄河银行系统借助村党支部学习阵地，创办"金融夜校""农业科技讲习所"，聘请农业科技人员作为金融扶贫信息员，通过"理论宣讲、现场指导、经验交流、实地观摩"等组合模式，加强贫困户农业知识目训和金融扶贫政策宣讲，为贫困户送技术、送资金、送知识、送服务，引导贫困户树立发展意愿，达到"培养一批、带动一片"的效果。

2020 年是决战决胜脱贫攻坚、全面建成小康社会的收官之年。为巩固脱贫攻坚成果，黄河银行系统已在全区范围内全面启动"整村授信"工程，未来 3 年将对全区所有行政村农户（贫困户）进行普惠建档、普惠评级，采取"线上线下融合模式"，为广大农户（贫困户）发放 30 万元以内、免抵押免担保、优惠利率贷款。以移动小微平台为载体，客户经理手持移动平板，现场采集信息，现场评级授信、现场发放贷款，把柜台搬到百姓家中，把服务送到田间地头，把贷多贷少、利率定价权交由贷款户的信用决定。以黄河 e 贷线上产品为抓手，贷款人利用自己的手机即可实现 7×24 小时随时自助放贷、还款，有效解决发展产业的痛点和难点问题，促进信息、信用、信贷联动，实现金融助力脱贫与乡村振兴有效衔接，让乡村振兴插上信用的翅膀。

【经验启示】

1. 政府主导，各方配合是保证

在实施扶贫小额信贷过程中，宁夏回族自治区各级党委、政府充分发挥主导作用，相关政府部门通过投入扶贫小额信贷风险补偿金和贴息为贫困户增信，减轻贷款还息压力。黄河银行充分发挥"造血"功能，为贫困户提供充分的资金保障。龙头企业积极带动贫困户发展产业，加快"血液"循环。三方通力协作，各司其职，以银行让利、政府贴息、企业引领的方式，将扶贫小额信贷与产业扶贫有机结合，形成金融精准扶贫的合力，取得了良好的效果。

2. 发展产业，金融扶持是动力

各县（区）坚持因地制宜、因势利导的原则，精准选择贫困户易接受、基础好、效益高、可持续的产业。针对产业发展中资金短缺问题，黄河银行系统充分发挥扶贫小额信贷金融活水的作用，为贫困户发展产业解决了后顾之忧。同时为特色产业配套技术支持，由一户带多户，多户带一村，一村带全镇，逐步形成产业扶贫基地，由扶贫产业基地带动农户发展，走上小农户大基地，小规模大群体的发展路子，形成区域化、精品化、规模化、市场化的产业模式，真正走出了一条"依托金融创新推动产业发展，依靠产业发展带动贫困群众增收"的脱贫富民之路。

3. 创新服务，信用建设是基础

扶贫小额信贷推动过程中，黄河银行始终坚持信用先行、产业带动、信贷助力的金融扶贫原则，将扶贫小额信贷与产业扶贫有机结合作为"造血式"扶贫的重要抓手，支持引导贫困户大力发展产业，增收致富。不断创新服务方式，简化业务流程，疫情期间贫困户足不出户，直接通过手机自主操作随时获得信贷资金，真正实现了"不见面、马上办、零接触"。诚信是一种资源，良好的诚信环境是推动金融扶贫的基础，也是全面建成小康社会的重要基石。在扶贫小额信贷工作推进过程中，黄河银行系统加强对贫困户教育保护，贫困户逐渐形成了"穷可贷、富可贷，不讲信誉不可贷"的观念，诚信意识明显增强，进一步保障了扶贫小额信贷安全健康可持续发展。

精准对接夯基础，风险防控筑底线

——山西省农信社案例

脱贫攻坚以来，山西省农村信用社发挥金融助力脱贫攻坚主力军、排头兵作用，提高政治站位，强化金融需求的精准对接，明方向、定计划，建机制、抓重点，重创新、优服务，筑牢风险防控底线，扎实做好金融助力精准扶贫工作。截至 2020 年 6 月底，扶贫小额信贷累计投放 153.1 亿元，余额 40.05 亿元，累计支持 36.06 万户贫困户走上脱贫致富之路。

【背景介绍】

山西省农村信用社（以下简称"山西农信社"）是山西省委、省政府直接领导的地方金融机构，也是目前山西省业务规模最大的金融机构，占全省 22% 的存款市场份额，发放了全省 40% 以上的涉农贷款，50% 以上的小微企业贷款、民营企业贷款、扶贫小额信贷，60% 以上的农户贷款，在助力全省乡村振兴、民企发展、精准扶贫、转型综改、能源革命等方面，发挥了地方金融主力军作用。

"十三五"期间，山西省扶贫任务艰巨、形势复杂，完成脱贫攻坚任务，与全国同步建成小康社会，省委、省政府面临诸多问题与挑战。全省 119 个县（市、区）中，102 个县（区）有贫困人口；有贫困县（区）58 个，贫困村 7993 个；贫困人口 232 万，占全省农村总人口的 9.6%，高出全国平均水平 3.9 个百分点。80% 以上的贫困人口集中在西部吕梁山黄土残垣沟壑区、东部太行山干石山区和北部高寒冷凉区，2/3 的贫困村农民人均收入不足 3000 元。因病致贫返贫现象大量存在。建档立卡贫困人口中，因病因残致贫的占 31.7%。农业生产成本居高不下，农民家庭经营性收入增长十分困难，贫困地区特色产业开发规模不大，龙头企业实力不强，加工转化能力不高，科技支撑不足等问题较为普遍。面对艰巨的任务，山西农信社充分发挥立足农村、直面农民的特点及优势，把做好扶贫小额信贷工作作为助力脱贫攻坚的重要支撑和抓手，紧抓不放，取得明显成效。

【做法成效】

1. 明方向、定计划，勇担脱贫攻坚重任

一是坚守战略定位。全系统牢记服务宗旨，坚守服务定位，把"精准扶贫"作为一项重要的政治任务提升到农信机构服务宗旨和定位的高度，从加强组织领导、健全完善机制、加强统筹协调、强化专项治理、精准对接帮扶等方面着力，专题专项推进，强化责任担当，积极主动作为。二是科学制定规划。印发出台《山西省农村信用社"十三五"金融扶贫规划》《山西省农村信用社扶贫金融服务考核办法》《山西省农村信用社扶贫小额信贷尽职免责办法》等指导性文件28个，明确金融精准扶贫工作的目标任务、支持重点、责任落实、工作举措、考核标准、激励奖惩等关键事项，确保此项政策在全省农信系统精准落实。三是实施精准对接。2017年1月，全系统启动"万名客户经理进村入户行动计划"，开展以"大摸排、大调研、大起底"为主题的集中行动，实现了对93.3万户贫困户资料收集、评级、授信"三个全覆盖"，摸清扶贫底数，精准对接服务，且长年开展持续回访，动态掌握贫困户需求。2020年上半年，印发《关于进一步推进全省农村信用社（农商银行）建档立卡贫困户全覆盖工作的通知》，要求全系统在全覆盖的基础上，对建档立卡贫困户再次进行回访摸排，力争2020年8月底前完成所有贫困户全覆盖的回访摸排工作。对有需求符合标准的贫困户，严格按照监管规定抓紧投放；对不符合扶贫小额信贷条件的贫困户，要说明原因，做好解释，持续提升扶贫小额信贷获贷率。

2. 建机制、抓重点，提升脱贫攻坚质效

一是建立"七专"体系。为推动金融助力脱贫攻坚工作取得实效，山西农信社结合自身实际，探索建立了扶贫工作"七专"体系，

即制定专项规划，打造专业队伍，单列专项规模，开发专门产品，提供专优利率，建立专门档案，实施专项考核，推动金融扶贫工作向纵深推进。二是构建四项机制。首先是构建责任落实机制，2017—2020年连续4年确立年度扶贫工作目标，与11个市级机构签订金融扶贫工作目标责任书，将扶贫工作任务分解到市、县。其次是构建考核机制，出台扶贫工作考核方案，加大考核力度，对市、县两级机构按季考核，将考核结果与评优评先等挂钩。再次是构建督导机制，对扶贫工作开展多次实地督导、专项检查，先后下发扶贫督办153份。最后是构建激励机制，把脱贫攻坚工作列入年度目标考核，签订日标责任书，建立激励约束、尽职免责机制，与业务工作同步安排部署，同步考核奖惩；出台《山西省农村信用社扶贫小额信贷尽职免责办法》，为客户经理积极投放扶贫小额信贷解压松绑，调动客户经理放贷积极性。三是突出精准投放。全省农信社以58个贫困县为主阵地，以10个深度贫困县为主战区，以102个有贫困户的县为责任区，靶向发力、精准投放，对信用良好、有贷款意愿、有就业创业潜质、有技能素质和一定还款能力的建档立卡贫困户，加大扶贫小额信贷投放力度，严格把握5万元以下、3年期以内、免担保免抵押、基准利率放贷的要求，确保扶贫小额信贷规范发放。2020年以来累计发放24.48亿元，其中10个深度贫困县农信机构扶贫小额信贷已累计投放5.3亿元，余额达11.48亿元。

3. 重创新、优服务，提升脱贫攻坚服务能力

一是创新扶贫信贷产品。按照"一次核定，随用随贷，余额控制，周转使用"的方式，为贫困人口授予一定的信用额度，实现便捷用信。引导全省农信社结合实际，因地制宜，支持当地特色产业。壶关农商银行累计发放1300余万元，帮助300余户贫困户投入西红柿产业，脱贫致富；平陆农商银行针对无劳动能力、无致富项目的贫困

户，支持户用光伏产业发展，现已发放 101 户 495.2 万元，长达 25
年给贫困户每月增加 500 元的稳定收入。二是创新金融扶贫模式。积
极探索"农信机构＋政府＋实施主体＋贫困户""农信机构＋政府＋
保险公司＋实施主体＋贫困户"等金融扶贫模式，以服务各类新型农
业经营主体为切入点，面向带动贫困户脱贫的能人大户、合作社、企
业等经营主体，积极投放产业扶贫贷款等。吉县通过人行、农信联
社、带贫企业带动贫困户，运用"3＋1 金融扶贫"模式，通过涉农
企业与建档立卡贫困户签订苹果购销协议、物资（农药、化肥、果袋
等）供应协议或劳务用工协议实施帮扶，累计支持帮扶企业 34 户，
使用扶贫再贷款 17639 万元，带动贫困人口 2497 人次。三是完善基
础金融服务。全系统累计发行各类福农卡惠农（涉农、便民）补贴一
卡通 687.08 万张，建设自助银行网点 2351 个，布放现金快柜、智慧
柜员机等自助设备 1229 台，设立了 11 家"智慧银行"旗舰店、68
家"智慧银行"星级店和 677 家标准店，建成 14167 个农村"金融综
合服务站"，购置 32 台流动服务车，开通网上银行 55.89 万户、手机
银行 273.69 万户、微信银行 547.66 万户，有效打通了农村金融服务
"最后一公里"，实现了绝大多数贫困地区老百姓足不出村，就可以办
理存款、取款、结算等金融业务。

【经验启示】

1. 提高站位是前提

扶贫小额信贷风险高、利润低，与银行业金融机构风控为先、效
益第一的理念相矛盾，致使银行不愿放贷、不敢放贷。针对这一问
题，山西农信社不断提高政治站位，坚决把金融精准扶贫作为一项政
治任务，将扶贫小额信贷的推动工作作为重要抓手，自始至终放在扶

贫工作的首要位置，彻底扭转了不愿贷、不想贷的保守思想，变被动工作为主动工作。

2. 精准对接是基础

精准扶贫要精准滴灌。山西省农信社开展了"大摸排、大调研、大起底"为主题的集中行动，督促县级行社做到"三个精准对接"，一是与当地县扶贫办精准对接，掌握建档立卡贫困户名单；二是与村"两委"精准对接，摸清建档立卡贫困户情况；三是与建档立卡贫困户精准对接，了解其生产经营项目，提升扶贫小额信贷质效，满足贫困户发展生产的资金需求。同时，全系统加大排查、检查力度，坚决杜绝搭政策"便车"，确保有限的信贷资源精准用于建档立卡贫困户。

3. 风险防控是底线

风险防控要把住三关：一是强化培训，严把政策关；二是明确获贷标准，严把准入关；三是层层实施严把监测关。在此基础上对症施策从内部发力化解风险，同时，积极向监管、扶贫等部门汇报沟通，采用依法清收、风险补偿等多种措施化解风险。

发挥机构优势，推动政策落地
——新疆维吾尔自治区农信社案例

　　新疆维吾尔自治区农村信用社发挥金融扶贫机构优势，加强组织领导，完善考核评估机制，强化产品服务创新，持续加大贷款投放力度，为打赢脱贫攻坚战提供了坚实的资金"弹药"支持。截至2020年6月底，新疆维吾尔自治区农村信用社累计发放扶贫小额信贷32.9万户、127.5亿元；扶贫小额信贷余额55.74亿元。

【背景介绍】

新疆维吾尔自治区农村信用社（以下简称"新疆农信社"）存贷款规模连续 8 年位居新疆全区银行业首位，按照自治区党委关于脱贫攻坚的部署要求，全部资金用于支持新疆经济发展，是新疆金融扶贫的中坚力量。新疆农信社在金融精准扶贫工作中实现了"四个全区第一"：在全区贫困县贷款投放总量位居全区第一、贫困户建档立卡和评级授信覆盖面位居全区第一、扶贫小额信贷投放量位居全区第一、贫困户贷款覆盖面位居全区第一，走出了一条具有新疆特色的金融扶贫新路径。

【做法成效】

1. 领导包片，靠前指导

一是完善领导管理机制强保障。成立金融扶贫工作领导小组，设立承担脱贫攻坚任务的综合协调专职部门——扶贫与普惠金融部，配备专职扶贫干部，明确工作职责，完善组织架构，全力推进金融扶贫工作。二是全力落实挂牌督战。制定金融精准脱贫挂牌督战工作方案，由主要领导带队按季对未摘帽的 10 家深度贫困县所在地行（社）现场督战，向 10 个挂牌督战深度贫困县授信 160 亿元，为脱贫攻坚政策落地生效提供资金保障。

2. 完善机制，考核评估

一是落实联动机制强管理。对全区扶贫小额信贷进行监测，召开全区扶贫小额信贷分析研判会，分片区召开金融扶贫现场推进会，做到"日监测、周研判、月调度、月汇报"，跟踪督促、及时解决基层行（社）遇到的困难和问题，切实巩固工作成效。二是完善考核机制促落实。不断完善金融精准扶贫制度体系，落实脱贫攻坚政治责任、主体责任、专项责任和监管责任，统筹安排脱贫攻坚工作，规范业务处理流程，建立督办、考核及问责等工作机制，提高扶贫小额信贷工作质量。

3. 慎终如始，持续加力

一是做到"能贷尽贷"。加大扶贫小额信贷政策落实力度，对于因发展生产而首次申请贷款的贫困户，做到能贷尽贷；对于已经归还了扶贫小额信贷的贫困户，又有生产性贷款需求的，做到能贷尽贷；对于存量扶贫小额信贷到期还有续贷需求的贫困户，做到能贷尽贷。二是做到规范管理。强化扶贫小额信贷贷前审查、贷后管理、按月调度、严控风险，确保扶贫小额信贷精准用于贫困户发展生产，确保扶贫小额信贷管理规范、风险可控。

4. 求真务实，一心为民

一是全力保障需求。积极应对新冠肺炎疫情影响，对因疫情影响出现还款困难的贫困户延长还款期限，其间继续执行原合同条款，各项政策保持不变。建立扶贫小额信贷容缺办理机制，按照"实质大于形式"原则，全力保障贫困户的生产经营贷款需求。充分发挥扶贫小额信贷作用，帮助受疫情影响贫困户尽快恢复生产、实现稳定脱贫，助力高质量打赢脱贫攻坚战。特别是保障10个挂牌督战县贫困户的生产经营贷款需求，2020年至今，在10个挂牌督战县为符合条件的6.45万户贫困户新增发放扶贫小额信贷16.67亿元。二是强化派员常驻，开展指导培训。组成指导工作组对南疆20家深度贫困县（市）农信社开展扶贫小额信贷帮扶指导工作，自2019年4月至今，抽调16名业务骨干常驻喀什、和田、阿克苏深度贫困地区农信社，对基层行社管理人员及一线员工手把手地教，面对面地指导，扎实有效推进扶贫小额信贷规范管理，确保扶贫小额信贷"放得准、管得好、收得回"。

5. 开拓创新，聚焦深贫

新疆农信社在产品审批、技术支持、信息科技力量支撑等方面开辟绿色通道，为基层行（社）创新产品搭建平台。各行（社）精准施策，为当地建档立卡贫困户开发了一系列贷款产品，全力支持贫困户就业、创业。一是构建"五位一体"闭环扶贫模式。麦盖提县农村信用社与当地政府、养牛企业联合，通过建立"政府｜农信社＋公司＋保险＋农户"五位一体的闭环模式，发展安格斯牛养殖产业，创新"安格斯肉牛活畜抵押＋肉牛养殖保险质押"的模式，向扶贫龙头企业授信 1 亿元，按照企业经营需求发放贷款 6000 万元。向贫困户发放不超过 5 万元的扶贫小额信贷，期限为 1～3 年，充分发挥扶贫小额信贷在精准扶贫和精准脱贫中的作用。截至目前，为 477 户贫困户投放扶贫小额信贷 1716.67 万元，在带动贫困户增收、就业、促进畜牧业提质增效方面发挥重要作用。该模式受到企业、群众、贫困户的欢迎，得到当地政府认可，在喀什全区进行推广。

二是打造"公司＋农村信用社＋贫困户"模式。按照"资金跟着项目走、项目跟着规划走、规划跟着脱贫需求走"的原则，对贫困户扶贫小额信贷资金投向进行分类指导，结合特色优势产业，向贫困户发放贷款，带动贫困户脱贫致富。疏附县农村信用社采用"公司＋农村信用社＋贫困户"的方式，由鸽业公司给贫困户提供饲养培训、乳鸽及鸽子蛋回收、防疫、饲料置换等服务，信用社向鸽业公司推荐的贫困户发放扶贫小额信贷购买种鸽贷款，养鸽不影响扶贫户种植业和其他生产业，贫困户可在闲暇时间管理鸽子，原本是副业的养鸽，因为收入可观，变成了贫困户主要收入来源，贫困户通过饲养鸽子增加收入实现脱贫致富，该模式被形象地称为"借鸽脱贫"，2018 年，此举被中国人民银行喀什地区中心支行评为"十佳金融精准扶贫示范项目"一等奖。尼勒克县农信联社通过该模式，支持县域发展三文鱼养殖产业，带动600余户贫困户脱贫增收。福海县农信联社支持骆驼养殖产业，向642户奶驼养殖户发放贷款，助力增收脱贫。向旺源集团提供贷款4080万元，扩大就业，此举被中国畜牧业协会命名为"福海模式——中国畜牧产业扶贫优秀模式"。尼勒克县农信联社帮助贫困户融入当地渔业养殖产业，带动600余户贫困户脱贫增收。2018年，尼勒克县成功实现脱贫摘帽。

6. 稳增量，保质量

一是做好扶贫小额信贷发放工作。截至2020年6月末，新疆全区农村信用社累计发放扶贫小额信贷32.9万户、127.5亿元；存量扶贫小额信贷19.89万户、55.74亿元。产业扶贫贷款922.11亿元。其中：南疆三地（州、县、市）行（社）累计发放扶贫小额信贷26.67万户、102.28亿元，占比分别为81.06%、80.22%；存量扶贫小额信贷15.52万户、42.75亿元，占比分别为78.03%、76.7%。二是积极应对疫情影响。受疫情影响，2020年累计展期4320户、0.97亿元，累计续贷41419户、14.26亿元，延长贷款期限635户、1315.89万元。

【经验启示】

1. 做好金融扶贫必须坚持标准、注重实效

金融扶贫要坚持标准导向和实效导向，加大对深度贫困地区扶贫小额信贷投放力度，落实扶贫小额信贷分片分县包干责任制，集中力量扎实做好常驻指导、定点帮扶、消费扶贫等工作。要对扶贫小额信贷大批量到期、风险集中显现问题做到监测、研判和化解。

2. 做好金融扶贫必须脱贫发展、标本兼治

贫困地区产业支撑乏力、基础设施滞后、生存空间狭窄。单纯的"输血式"扶贫不解决根本问题。金融扶贫要坚持标本兼治，突出治本，有效增强贫困群众的自我发展能力，提升致富本领"拔穷根"。要积极实施劳动力素质提升工作，促进培训与就业创业无缝对接。还应该因地制宜，立足比较优势，加大资金投入，着力培育区域特色强、竞争能力强、科技含量高、附加值高、成长空间大、带动作用大的农业产业集群，形成稳定增加群众收入的长效产业。

产业发展是依托，强化机制是保障

——广西壮族自治区农信社案例

　　为推动扶贫小额信贷政策落地，广西壮族自治区农村信用社强化机制保障，开展全面评级授信，对扶贫产业带动贫困户的资金需求进行"精准滴灌"，完善考核激励政策激发基层员工活力，加强与政府部门的协同合作，推动扶贫小额信贷业务的健康有序发展，有效满足了当地贫困户发展生产的信贷需求，取得了金融助力脱贫攻坚的良好成效。

【背景介绍】

广西壮族自治区是全国脱贫攻坚的主战场之一，贫困人口多、贫困程度深、脱贫难度大。当地贫困户缺资金、缺项目是造成贫困的根本性原因。广西壮族自治区农村信用社（以下简称"广西农信社"）通过全面授信、加大投放、强化考核、加强管理、加强协调、强化宣传等有效措施，累计向78.89万户建档立卡贫困户发放扶贫小额信贷354.83亿元，占广西银行业扶贫小额信贷99%以上，累计带动全区46万贫困户232.3万贫困人口顺利脱贫，助力46个贫困县、4719个贫困村顺利脱贫摘帽。

【做法成效】

1. 提高政治站位，强化机制保障

一是建立金融精准扶贫组织领导机制。广西农信社成立了以自治区联社、各办事处、各县级农信社主要负责人为组长的金融精准扶贫工作领导机构，三级联动全力推进扶贫小额信贷工作。自治区联社成立三农小微金融部，设立扶贫管理科，专门负责全区金融精准扶贫和扶贫小额信贷管理工作。把脱贫攻坚作为重大任务，纳入各级农信社党委会的重点工作内容，强化责任担当。二是抓好扶贫小额信贷政策传导。通过文件、会议、培训学习、督查、督导、督战等各种形式，把中央和自治区关于扶贫小额信贷的要求和精神及时传达到各级农合机构，自治区联社金融精准扶贫领导小组定期或不定期召开会议，研究部署全区农合机构推进扶贫小额信贷相关工作。三是完善扶贫小额信贷管理制度。联合自治区扶贫办、财政厅、妇联下发了《关于进一步推进扶贫小额信贷工作的通知》等文件，研究出台了《关于进一步加大金融精准扶贫工作力度全力助推我区扶贫攻坚工作的意见》等制度文件，明确了扶贫小额信贷工作目标，细化工作措施，压实工作责任，规范操作，强化管理，为扶贫小额信贷工作提供了强有力的制度保障。

2. 全面评级授信，为加大扶贫小额信贷投放奠定基础

按照政府提供的建档立卡贫困户名单，广西农信社发动了5000多名工作人员组成工作队，联合当地村"两委"、第一书记、帮扶干部进村入户，逐户深入了解贫困户生产生活、金融服务需求、产业或项目发展意愿等，采集贫困户信息、收集资料，对有贷款意愿、有产业项目的建档立卡贫困户全面开展评级和授信，简化评级授信指标和流程，将建档立卡贫困户评级授信指标从一般农户的17个指标简化到年收入、诚信、家庭劳动力3个指标，提高工作效率，实现除低保户外建档立卡贫困户建立信用档案和评级授信"两个全覆盖"，为加大扶贫小额信贷投放奠定扎实基础，截至2020年8月底，已评级授信贫困户117.2万户，授信金额526亿元，户均授信金额达4.53万元。

3. 精准滴灌，全力满足建档立卡贫困户发展生产资金需求

广西农信社依托地方资源优势发展特色产业，加大林业、种植业、畜牧业、水产养殖业、水果蔬菜、光伏、旅游等产业扶持力度，结合实际推出"银行＋企业＋贫困户""银行＋土地流转＋旅游开发＋贫困户""公司＋基地＋合作社＋贫困户"等金融精准扶贫模式，不断提高扶贫小额信贷资金使用成效，全力满足贫困户发展生产和脱贫增收的资金需求，扶贫小额信贷实现"精准滴灌"。充分发挥金融的导向作用，通过扶持农业龙头企业、扶贫产业项目发展，带动和引导更多贫困户开展特色种养、订单农业，积极发挥扶贫产业在脱贫攻坚中的重要作用，降低单个贫困户经营风险，稳步提高贫困户收入。

4. 强化督促考核，激发基层行（社）和信贷员工作积极性、主动性

不断强化扶贫小额信贷考核力度，逐级分解下达扶贫小额贷款投放计划，将贷款发放任务分解到基层行（社）、分解到每一个信贷员，并将贷款发放情况纳入基层行（社）、信贷员绩效考评，与年终考评、个人工资收入挂钩，提高基层行（社）、信贷员发放贷款的积极性。对贷款任务完成情况按日监测、按季通报考核，督促各县级农信社千方百计加大、加快扶贫小额贷款精准投放。把贫困户建立信用档案和评级授信"两个全覆盖"、扶贫小额信贷发放管理、网络舆情等指标纳入县级农信社年度综合考评，激发基层行（社）和信贷员工作的积极性、主动性。

5. 强化扶贫小额信贷风险管理，筑牢风险防火墙

一是严格贷款准入和"三查"制度。在给予贫困户信贷支持的同时，联合当地农技部门积极指导贫困户因地制宜选择发展项目，降低经营风险。加强资金使用审核和贷后检查，确保扶贫小额信贷"放得出、管得好、收得回、有效益"。二是强化考核督促。将扶贫小额信贷管理纳入各县级农合机构年度综合考评，加强对扶贫小额信贷不良贷款、自主经营情况、委托经营主体管理及分红情况、扶贫小额信贷档案管理、网络舆情等方面的考核。三是深入开展扶贫小额信贷风险排查和扶贫领域作风建设。全面摸清扶贫小额信贷风险底数，对排查发现的风险，及时采取有力措施并上报相关部门。从"四个意识"够不够强、责任落实到不到位、工作够不够务实、措施够不够扎实、管理够不够规范、考核够不够严格等6个方面开展金融扶贫领域作风建设。四是加强日常监测和督促指导。对扶贫小额信贷、闲置资金、错评户、死亡户、外嫁户以及委托经营主体分红、担保、风险情况实行按月、按季监测，及时掌握扶贫小额信贷开展情况和风险状况，有效预防和发现风险并督促相关农合机构做好风险防范工作。

6. 加强沟通协作，协同发力促成效

加强横向、纵向协调联系，从自治区联社及基层社选派 7 名工作人员常驻自治区扶贫开发领导小组资金专责小组和自治区金融扶贫厅际联席会议办公室工作，指导全区开展扶贫小额信贷管理、到期贷款和风险清收处置工作。加强与各级扶贫、财政、银保监、人民银行等部门的沟通联系，及时研究解决扶贫小额信贷推进过程中遇到的问题，确保扶贫小额信贷在风险可控的前提下实现可持续发展。

7. 加大政策宣传，不断提高扶贫小额信贷政策知晓面

广西农信社协同自治区扶贫办、地方金融监管局、广西银保监局等部门对扶贫干部、村"两委"、监管部门等工作人员以及广西农信系统员工讲解扶贫小额信贷政策，提高政策应用水平。统一制作宣传标语、横幅、折页、年画、动画视频、贫困户告知书等，通过营业网点、微信公众号、官网、流动宣传车、文艺下乡、金融服务进社区、农村金融服务站以及进村入户面对面宣传等方式，向广大群众、建档立卡贫困户广泛宣传扶贫小额信贷政策，进一步提高扶贫小额信贷政策知晓度。2020 年以来，累计发放宣传折页 78.53 万张、设立业务咨询点 3018 个、开办金融知识宣讲会 606 次、扶贫小额信贷培训会 338 次、入村宣传 7853 村、入户宣传 20.19 万户、投放到微信公众号等新媒体 269 次。

【经验启示】

1. 政府引导是关键

扶贫小额信贷具有很强的政策性。在贷款发放过程中，各级政府应该参与贷款发放全过程，确保各项工作顺利推进。在政策制定阶段，政府应该牵头制定《扶贫小额信贷管理办法》《扶贫小额信贷风险补偿金管理办法》等制度办法，召开工作推进会，把扶贫小额信贷发放管理纳入各县级党政领导班子年度考核。在贷款发放阶段，驻村干部、帮扶责任人、村"两委"应该参与贷款调查、评级授信，扶贫部门参与对贫困户的审核。在贷款管理阶段，驻村干部、帮扶责任人、村"两委"应该对贷款资金的使用进行监督，协助开展贷后检查，财政部门、扶贫部门应该对财政贴息进行审核。在贷款回收以及清收处置阶段，驻村干部、帮扶责任人、村"两委"应该协助农信社进行催收，政府、扶贫部门可以成立领导小组，一户（企）一策制定清收处置方案，司法部门应该加大案件督办力度，形成高压态势，减少贷款损失。

2. 产业发展是依托

金融扶贫不是无源之水，无本之木，金融只是手段，不是脱贫攻坚的灵丹妙药，扶贫小额信贷作为国家给予贫困户的一项政策，必须依托相关产业，才能实现促进贫困户脱贫增收的目的。只有按照"资金跟着穷人走、穷人跟着能人走、能人穷人跟着产业走、产业跟着市场走"的"四跟四走"工作思路，紧紧依托地方资源优势，精准对接扶贫产业，实现精准滴灌，才能推进扶贫小额信贷落地生根、遍地开花，带动贫困户创收增收，变"输血"为"造血"，形成脱贫致富长效机制，有效激发贫困户发展内生动力，提升自我发展能力。

3. 信用环境是基础

长期以来，受"输血性"扶贫的影响，有些贫困户仍然认为扶贫小额信贷就是扶贫款、救济款，是不用归还的，农村信用环境有待进一步改善。通过扶贫小额信贷发放和回收，对诚信贫困户给予提高贷款额度、利率优惠等奖励，对恶意逃废债行为进行司法催收等惩戒，提高其违约成本，促使其形成良好的信用习惯，从而达到培育良好农村信用环境的效果，为今后的乡村振兴创造良好条件。

精准支持是方向，银政联动是保障

——中国农业银行重庆市分行案例

中国农业银行重庆市分行以贫困农户不脱贫、重庆农行不退出的责任担当，强化组织领导，加强银政合作，推动融合发展，简化业务流程，配足保障资源，落实扶贫小额信贷政策，支持建档立卡贫困户发展产业、增收脱贫。截至 2020 年 6 月底，累计发放扶贫小额信贷 35 亿元，支持 8.5 万农户脱贫增收，有效助推了重庆市 18 个贫困县脱贫摘帽。

【背景介绍】

重庆具有"大城市,大农村"特色,贫困人口多,建档立卡贫困户达 165.9 万人,扶贫脱贫工作任务艰巨。为积极稳妥做好精准扶贫工作,中国农业银行重庆市分行(以下简称"重庆农行")结合地区实际,认真落实扶贫小额信贷政策,为符合条件的建档立卡贫困户发放"5 万元以下、3 年期以内、免担保免抵押、基准利率放款、财政贴息"的扶贫小额信贷,支持贫困户发展生产。

【做法成效】

重庆农行聚焦重点区域,加大资源倾斜,严格风险管理,对符合条件的贫困户"应贷尽贷""愿贷尽贷",提升贫困户的获贷率和获得感。

1. 一把手负责

重庆农行一把手直接抓、直接管,确保"总行统筹、市分行推动、区(县)支行抓落实、二级支行强执行"的金融扶贫工作机制落到实处。组建 36 名扶贫干部的定点扶贫团队,向重庆市 18 个深度贫困乡(镇)各派驻一名驻乡镇和驻村扶贫干部,指导、协助开展贫困户贷款发放和精准帮扶工作。

2. 银政共同管

主动对接县、镇、村三级政府,签订合作协议,区(县)各级扶贫、财政等职能部门安排专人积极参与到贷款的审核、贴息、催收等关键环节,充分发挥乡镇和村社干部人熟地熟情况熟的优势,形成多方联动、广泛参与的良好氛围。

3. 产业大力扶

围绕全市十大现代山地特色高效农业、"巴味渝珍"公用品牌及各区（县）特色产业，重点支持引导贫困户融入带贫产业链条、融入合作组织，为贫困农户构建从谋划产业、启动产业到做大产业全流程的金融精准支持，提高抗风险能力和贷款使用效率，助力贫困群众"户户有增收项目、人人有脱贫门路"。

4. 区域重点推

在全力做好总行定点帮扶秀山县的同时，将石柱、奉节、城口、彭水、酉阳、巫溪6个前期未脱贫县确定为重庆农行定点扶贫县，在"1+6"定点扶贫区（县）和18个深度贫困乡镇全面推广扶贫小额信贷，一县一策制定服务方案，在深度贫困乡镇累计发放扶贫小额信贷1.6亿元。

5. 流程尽量简

按照"村级评议、乡镇审核、县级复核、农行调查"程序，落实实地调查、面谈面签，确保需求真实、用途合规。疫情期间，通过语音、视频、图片等形式获取贫困户信息，形成简要信贷档案发放贷款，疫情结束后再补充实地调查，支持春耕备耕、稳产保供。对受疫情影响暂时出现还款困难的贫困户，通过设置宽限期、展期、重新约期等方式支持贫困户渡过难关。

6. 管理力求严

严格办贷流程，按照"村级评议、乡镇审核、县级复核、农行调查"程序，落实实地调查，做实面谈面签，确保借款真实有效、项目规范可行；严格资金监管，运用科技手段加强对扶贫小额信贷资金异常线索管理，坚决纠正和制止贷款用于购房、理财等非生产性支出，或长期不使用等违规问题；严格信贷纪律，进一步规范农户贷款客户经理办贷行为，强化巡视督查，杜绝出现"吃、拿、卡、要"等行为。

7. 到期应对足

针对贷款大规模集中到期情况，成立银政联合突击队，由区（县）扶贫办等职能部门和农行组成督导组和调查组，在各乡镇（街道）设置专人专班，定期定点集中办理业务，通过展期、无还本续贷、信贷产品对接等做好到期贷款转化。创新推出重庆市首个扶贫小额信贷续贷、展期专营业务窗口，自主开发使用"无还本续贷一点通"电脑程序，业务末端实现一键"校验＋贴息＋结旧＋展新"办结，极大地提高了工作效率。

8. 资源保障强

配置专项费用，解决信贷员进村入户交通食宿问题。配置奖励工资，调动信贷员积极性。配置信贷规模，全额保障信贷需求。实行利率优惠，在基准利率基础上，对未享受贴息的建档立卡贫困人口实行基准利率9折优惠。

【经验启示】

1. 实施精准支持是前提

习近平总书记早在2013年11月就作出了"实事求是、因地制宜、分类指导、精准扶贫"的重要指示。只有实施精准扶贫，瞄准扶贫对象，进行重点施策，才能保证扶贫小额信贷精准实施。

2. 优选得力干部是重点

深度贫困地区如期完成脱贫攻坚任务时间紧迫，因此需要优选干部，当好冲锋员、领路员、宣传员、联络员，引导贫困群众用好用活扶贫小额信贷，支持当地产业发展，实现脱贫致富。

3. 建立银政联动机制是保障

确保脱贫质量，走出可持续发展的道路，要做好银政联动。要充分发挥乡镇和村社干部人熟地熟情况熟的优势，全面了解贫困户道德品行和产业规划。区（县）财政、扶贫部门要安排专人积极参与到贷款的发放、审核、贴息等关键环节，形成部门联动、广泛参与的工作格局。

附录1
国务院扶贫办　财政部　中国人民银行
银监会　保监会关于创新发展扶贫
小额信贷的指导意见

国开办发〔2014〕78号

各省（区、市）扶贫办（局）、新疆生产建设兵团扶贫办；财政厅（局）；中国人民银行上海总部、各分行、营业管理部、各省会（首府）城市中心支行；银监局；保监局：

为贯彻落实《关于创新机制扎实推进农村扶贫开发工作的意见》（中办发〔2013〕25号）和《关于全面做好扶贫开发金融服务工作的指导意见》（银发〔2014〕65号）的要求，完善扶贫贴息贷款政策和机制，推进扶贫小额信贷工作，促进贫困人口脱贫致富，提出以下工作意见。

一、指导思想

以邓小平理论、"三个代表"重要思想、科学发展观为指导，学习贯彻习近平总书记扶贫开发战略思想，认真落实党中央、国务院关于创新机制扎实推进扶贫开发的总体部署，把激发建档立卡贫困户内生动力、实现脱贫致富作为创新发展扶贫小额信贷的根本任务，推动财政扶贫政策与金融良性互动，充分发挥金融机构作用，拓展针对建档立卡贫困户的特惠政策措施，为实现新时期《中国农村扶贫开发纲要（2011—2020 年）》目标做出贡献。

二、工作目标

丰富扶贫小额信贷的产品和形式，创新贫困村金融服务，改善贫困地区金融生态环境。扶贫小额信贷覆盖建档立卡贫困农户的比例和规模有较大增长，贷款满足率有明显的提高。努力促进贫困户贷得到、用得好、还得上、逐步富。

三、工作原则

（一）精准扶贫、信用贷款。把提高建档立卡贫困户贷款可获得性作为工作的基本出发点。在普惠政策的基础上，采取更具针对性的政策措施，进一步完善思路、改进办法、创新方式，提高扶贫小额信贷的精准性和有效性。对建档立卡贫困户进行评级授信，使建档立卡贫困户得到免抵押、免担保的信用贷款。

（二）政府引导、市场运作。发挥政府统筹协调作用，注重按市场规则推动扶贫小额信贷持续健康发展，协调金融机构为建档立卡贫困户量身定制贷款产品，完善信贷服务。金融机构自主调查评审放贷。

（三）加强宣传、尊重意愿。加大政策宣传和培训工作力度，让建档立卡贫困户知晓相关程序和政策。贫困农户自主贷款、自主发展。

（四）规范运作、防范风险。各地要加强金融风险防控，探索建立贷款风险分散和化解机制。金融机构应根据建档立卡贫困户的信用评级，审慎核定授信总额，合理设定贷款管理比率。

四、扶持的范围、重点和方式

（一）扶持对象：有贷款意愿、有就业创业潜质、技能素质和一定还款能力的建档立卡贫困户。

（二）扶持重点：支持建档立卡贫困户发展扶贫特色优势产业，增加收入。

（三）扶持方式：对符合贷款条件的建档立卡贫困户提供 5 万元以下、期限 3 年以内的信用贷款。鼓励金融机构参照贷款基础利率，合理确定贷款利率水平。

五、政策措施

（一）在开展"信用户、信用村、信用乡（镇）"创建活动的基础上，针对贫困户的实际情况，完善增信措施，通过改进评级方法或制定专门的授信政策，对申请贷款的建档立卡贫困户进行授信。将全国扶贫信息网络系统与银行贷款管理系统有效对接，建立建档立卡贫困户个人信用档案。

（二）加大对贫困地区支农再贷款、再贴现支持力度，引导金融机构扩大对建档立卡贫困户的信贷投放。降低建档立卡贫困农户融资成本。

（三）各地可统筹安排财政扶贫资金，对符合条件的贷款户给予贴息支持，贴息利率不超过贷款基础利率（上一年度贷款基础利率报价平均利率平均值）。

（四）有条件的地方可根据实际情况安排资金，用于补偿扶贫小额信贷发生的坏账损失。支持推广扶贫小额信贷保险，鼓励贷款户积极购买，分散贷款风险。

（五）采取"以社带户、以企带村"的方式，组织贫困农户参与扶贫特色优势产业建设，拓宽建档立卡贫困户获得贷款的途径。

（六）探索建立县、乡（镇）、村三级联动的扶贫小额信贷服务平台，为建档立卡贫困户提供信用评级、建立信用档案、贷款申报等信贷服务。

六、组织保障

（一）加强领导。各省（区、市）扶贫开发领导小组要把创新发展扶贫小额信贷工作，作为实现精准扶贫的关键举措，科学确定发展规划，明确发展目标，加强监督考核。

（二）明确程序。建立完善方便快捷的信贷服务程序。鼓励金融机构创新信贷审批方式，吸收村民、村两委成员组建农户信用状况评议小组，提高村民对信贷活动的参与度。地方政府、村两委和驻村工作队要加强服务金融机构和贫困户。

（三）落实职责。扶贫部门要做好组织动员、政策协调工作，发挥村两委、驻村工作队、妇联等组织的作用，做好建立信用档案、项目咨询、项目指导、宣传培训等方面的工作。各地财政部门要立足本地实际，做好扶贫小额信贷贴息工作。人民银行各分支机构灵活运用多种货币信贷政策工具，努力推动相关配套政策落实，提供贷款基础利率数据。银行业监管部门要完善银行业金融机构差异化监管政策，提高扶贫小额信贷不良贷款率的容忍度。保险监管部门要积极推进农村保险市场建设，不断增强贫困地区风险保障功能。

（四）制定规划。各省（自治区、直辖市）应根据建档立卡贫困

户和扶贫开发工作需要，编制扶贫小额信贷发展规划（2015—2020年）和年度工作计划，报经省扶贫开发领导小组审批后实施，并报国务院扶贫办、财政部、人民银行、银监会、保监会备案。各地扶贫小额信贷工作开展情况纳入扶贫开发工作考核。

（五）公告公示。各地应将扶贫小额信贷政策规定、贴息资金使用情况向社会公开。县级政府要在本地门户网站或主要媒体公告公示贷款和贴息资金扶持对象名单，公布举报电话，接受社会公众监督。要继续坚持和完善行政村公告公示制度，引导扶贫对象自我监督、自主管理。

（六）监督检查。各地应加强对扶贫小额信贷政策执行情况的监督检查，及时发现和整改出现的问题。对违反本指导意见，虚报、冒领、套取、挪用财政贴息资金的单位和个人，按照《财政违法行为处罚处分条例（国务院令第427号）》有关规定处理、处罚、处分。

（七）解释执行。本指导意见自2015年1月1日开始执行。《关于全面改革扶贫贴息贷款管理体制的通知》（国开办发〔2008〕29号）中涉及到户贷款的相关规定，与本指导意见不一致的，遵循本指导意见。各地可根据本指导意见，制定实施细则。本指导意见由国务院扶贫办会同财政部、人民银行、银监会和保监会负责解释。

国务院扶贫办　财政部

中国人民银行　银监会　保监会

2014年12月10日

附录 2

中国银监会　财政部　人民银行　保监会
国务院扶贫办关于促进扶贫小额
信贷健康发展的通知

银监发〔2017〕42 号

各银监局，各省（区、市）财政厅（局），中国人民银行上海总部、各分行、营业管理部、各省会（首府）城市中心支行，各保监局；各省（区、市）扶贫办（局），各政策性银行、大型银行、股份制银行，邮储银行：

国务院扶贫办、财政部、人民银行、银监会、保监会《关于创新发展扶贫小额信贷的指导意见》（国开办发〔2014〕78 号）印发以来，各地、各部门认真落实有关政策，积极探索、稳步推进扶贫小额信贷发放和管理工作，在帮助贫困户发展生产、增收脱贫等方面取得了明显成效。扶贫小额信贷已成为精准扶贫、精准脱贫的金融服务品牌，但也存在资金使用不合理、贷款发放不合规、风险管理不到位等苗头性倾向性问题。为贯彻落实党中央和国务院有关工作部署，进一步加强和改善扶贫小额信贷管理，促进扶贫小额信贷业务健康发展，更好地发挥其在精准扶贫和精准脱贫中的作用，现将有关工作事项通知如下：

一、坚持精准扶贫，坚持依法合规

扶贫小额信贷是为建档立卡贫困户量身定制的金融精准扶贫产品，其政策要点是"5万元以下、3年期以内、免担保免抵押、基准利率放贷、财政贴息、县建风险补偿金"。扶贫小额信贷要始终精确瞄准建档立卡贫困户，各银行业金融机构要加大对信用良好、有贷款意愿、有就业创业潜质、技能素质和一定还款能力的建档立卡贫困户支持力度。对已经脱贫的建档立卡贫困户，在脱贫攻坚期内保持扶贫小额信贷支持政策不变，力度不减。各地扶贫部门要加强对扶贫小额信贷和贴息对象的审查，在县乡村三级公告公示，防止非建档立卡贫困户"搭便车"。要将信用水平和还款能力作为发放扶贫小额信贷的主要参考标准，发放过程要符合法律法规和信贷管理规定，借款合同要明确贷款资金用途，坚持户借、户还，切实防范冒名借款、违规用款等问题。

二、坚持发展生产，推动长期受益

各银行业金融机构要将扶贫小额信贷精准用于贫困户发展生产或能有效带动贫困户致富脱贫的特色优势产业，不能用于建房、理财、购置家庭用品等非生产性支出，更不能将扶贫小额信贷打包用于政府融资平台、房地产开发、基础设施建设等。各银行业金融机构在探索将扶贫小额信贷资金用于有效带动贫困户致富脱贫的特色优势产业过程中，必须坚持贫困户自愿和贫困户参与两项基本原则，使贫困户融入产业发展并长期受益，提高贫困户脱贫内生发展动力。

三、完善补偿机制，加强风险管理

有条件的地方可根据实际情况建立和完善风险补偿和分担机制。风险补偿金要及时到位，专款专存、封闭运行。科学合理确定风险补偿金放大贷款倍数，明确政府与银行业金融机构风险分担比例，不得将风险补偿金混同为担保金使用。鼓励开展农业保险保单质押贷款等银保合作模式试点。

积极稳步推进扶贫小额信贷服务创新，加强贷款风险管理。一是加强贷款管理。对于贫困户参与的扶贫产业项目，要做到对建档立卡贫困户和产业项目双调查。定期对借款人生活和产业经营情况进行监测分析，建立资金监管机制和跟踪监督机制，对可能影响贷款安全的不利情形要及时采取针对性措施。二是稳妥办理无还本续贷业务。对于贷款到期仍有用款需求的贫困户，支持银行业金融机构提前介入贷款调查和评审，脱贫攻坚期内，在风险可控的前提下，可以无须偿还本金，办理续贷业务。三是区别对待逾期和不良贷款。对确因非主观因素不能到期偿还贷款的贫困户，帮助贫困户协调办理贷款展期。对通过追加贷款能够帮助渡过难关的，应予追加贷款扶持，避免因债返贫。贷款追加后，单户扶贫小额信贷不能超过5万元。对确已发生的贷款损失，要按规定及时启动风险补偿机制，按约定比例分担损失。四是适当提高不良贷款容忍度。对于银行业金融机构扶贫小额信贷不良率高出自身各项贷款不良率年度目标2个百分点以内的，可以不作为监管部门监管评价和银行内部考核评价的扣分因素。五是加快完善尽职免责制度。明确扶贫小额信贷发放过程中的尽职要求，强化正面导向，积极调动银行业金融机构投放扶贫小额信贷的积极性，同时也要加强对不尽责、失职行为的责任追究，切实防范道德风险。

四、完善组织服务，落实工作责任

各银监局要督促银行业金融机构落实"包干服务"制度，推动扶贫小额信贷精准合规发放，加强信贷风险防范。放贷机构要履行好扶贫小额信贷投放的主体责任，在风险可控和商业可持续前提下，加大扶贫小额信贷的投放力度，各地扶贫部门要按照《关于创新发展扶贫小额信贷的指导意见》（国开办发〔2014〕78号）职责分工，做好组织协调、咨询指导等工作。各人民银行分支机构要灵活运用多种货币政策工具，加强对银行业金融机构的指导，推动相关部门完善配套机制建设。各地扶贫部门要加强对扶贫小额信贷工作的组织领导，明确责任领导和责任人，落实工作职责，通过县乡村三级联动，自上而下，全力、全程做好贷款的组织服务管理。乡（镇）级扶贫部门要把好项目审核关，做好项目管理服务工作，督促驻村工作队、第一书记和村两委要全程参与，前期协助开展政策宣传、贫困户评级授信、汇总贫困户贷款需求，中期帮助开展贷款使用监督，后期帮助落实贷款回收，确保扶贫小额信贷贷得到、用得好、还得上。县级财政和扶贫部门要用好财政贴息政策、加强风险管理。县级扶贫部门要提供综合信息服务、做好项目前期论证和产业规划、教育群众提升市场意识和风险意识。

五、做好信息共享，加强监测考核

各人民银行分支机构要积极发挥金融精准扶贫信息系统作用，加强与扶贫、银监、保监等部门的信息对接共享，共同做好扶贫小额信贷统计监测分析和评估考核工作。针对监测发现的贷款户数异常波动、贷款逾期以及政策落实不到位、违法违规等问题，银监局要会同各地人民银行分支机构、扶贫办定期通报、限期整改，并将动态监测情况和整改情况作为评估考核的重要依据。银行业金融机构要将扶贫小额信贷纳入内部考核，强化约束激励机制，落实责任。国务院扶贫办、银监会按月统计监测、定期通报地方扶贫小额信贷工作进展情况，对工作不力的严格督导问责。

六、做好政策宣传，总结先进经验

各银监局、各地扶贫部门和各人民银行分支机构要组织银行业金融机构加强政策宣传，自上而下层层明确责任，加大政策宣传培训力度，规范工作称谓，统一使用"扶贫小额信贷"名称，提高政策认知度。要组织驻村工作组、第一书记、村两委、致富带头人等骨干人员接受培训，利用群众喜闻乐见的年画、动漫、手册、短信等形式加强宣传，确保贫困户真正把握"免担保、免抵押、基准利率放贷、财政贴息"等政策要点。要注意总结扶贫小额信贷健康发展的有效做法，主动发掘创新亮点，对实践证明比较成熟、具有较高推广价值的典型经验，加大交流推广力度。

中国银监会　财政部　人民银行

保监会　国务院扶贫办

2017 年 7 月 25 日

附录 3

中国银保监会 财政部 中国人民银行
国务院扶贫办关于进一步规范和完善
扶贫小额信贷管理的通知

银保监发〔2019〕24 号

各银保监局，各省、自治区、直辖市财政厅（局），中国人民银行上海总部、各分行、营业管理部、各省会（首府）城市中心支行，各省、自治区、直辖市扶贫办（局），各政策性银行、大型银行、股份制银行，邮储银行：

近年来，在各地区、有关部门和银行业保险业的共同努力下，扶贫小额信贷扎实推进、蓬勃发展，在帮助贫困群众脱贫致富、增强贫困户内生动力、推动贫困地区金融市场发育、改善乡村治理等方面取得明显成效。当前，脱贫攻坚战已经进入啃硬骨头、攻坚拔寨的冲刺期，进一步发展扶贫小额信贷必须坚持两手抓、两促进，即一手抓精准投放，能贷尽贷，助力建档立卡贫困户积极发展生产脱贫致富；一手抓规范完善管理，防范化解风险，不片面强调扶贫小额信贷获贷率，避免贫困户过度负债。根据新形势新任务新要求，为进一步规范扶贫小额信贷管理，切实解决有关政策措施不具体、风险补偿机制不完善、集中还款压力较大等问题，促进扶贫小额信贷健康发展，助力打赢精准脱贫攻坚战，现将有关事项通知如下：

一、坚持和完善扶贫小额信贷政策

（一）进一步明确政策要点。扶贫小额信贷政策要继续坚持"5万元以下、3年期以内、免担保免抵押、基准利率放贷、财政贴息、县建风险补偿金"的政策要点。扶贫小额信贷及续贷、展期在脱贫攻坚期内各项政策保持不变。

（二）进一步明确支持保障对象。扶贫小额信贷主要支持建档立卡贫困户（含已脱贫的贫困户）。脱贫攻坚期内，在符合有关条件的前提下，银行机构可为贫困户办理贷款续贷或展期；在已经还清扶贫小额贷款和符合再次贷款条件的前提下，银行机构可向贫困户多次发放扶贫小额信贷。

（三）进一步明确贷款用途。扶贫小额信贷要坚持户借、户用、户还，精准用于贫困户发展生产，不能用于结婚、建房、理财、购置家庭用品等非生产性支出，更不能集中用于政府融资平台、生产经营企业等。

（四）进一步明确贷款条件。新申请扶贫小额信贷（含续贷、展期）的贫困户，必须遵纪守法、诚实守信、无重大不良信用记录，并具有完全民事行为能力；必须通过银行评级授信、有贷款意愿、有必要的技能素质和一定还款能力；必须将贷款资金用于不违反法律法规规定的产业和项目，且有一定市场前景；借款人年龄原则上应在18周岁（含）～65周岁（含）之间。银行机构应综合考虑借款人自身条件、贷款用途、风险补偿机制等情况，自主作出贷款决定。

二、切实满足建档立卡贫困户信贷资金需求

（一）对符合贷款条件且有贷款意愿的建档立卡贫困户，要落实

分片包干责任，以县或乡镇为单位，确定当地有网点的机构为主责任银行，实行名单制管理，确保能贷尽贷。要进一步完善县乡村三级金融扶贫服务体系，提高服务水平，准确评级授信，优化贷前调查流程，及时将扶贫小额信贷资金发放到位。

（二）在贫困户自愿和参与生产经营的前提下，可采取合作发展方式，将扶贫小额信贷资金用于有效带动贫困户脱贫致富的特色优势产业，并按要求规范贷款管理，使贫困户融入产业发展并长期受益。

（三）鼓励有大额信贷资金需求、符合贷款条件的建档立卡贫困户，特别是已脱贫户申请创业担保贷款、农户贷款等。引导银行机构通过大数据、云计算等金融科技手段，探索开发既能满足建档立卡贫困户多元化信贷需求、又能实现商业可持续的信贷产品。

三、稳妥办理续贷和展期

（一）对于贷款到期仍有用款需求的贫困户，经办银行应提前介入贷款调查和评审。脱贫攻坚期内，在贷款户符合申请扶贫小额信贷条件、具有一定还款能力、还款意愿良好、确有资金需求、风险可控的前提下，可无需偿还本金办理续贷。续贷期限由经办银行根据贷款项目、还款能力等情况综合决定，原则上不超过3年且只能办理1次续贷，办理续贷的贷款继续执行扶贫小额信贷政策。

（二）对符合申请扶贫小额信贷条件、确因非主观因素不能偿还到期贷款的贫困户，经办银行可为其办理贷款展期。一年期以内的短期贷款展期期限不超过原贷款期限，一年期到三年期的中期贷款展期期限不超过原贷款期限的一半。原则上只能办理1次展期，办理展期的贷款继续执行扶贫小额信贷政策。

（三）对办理续贷和展期的扶贫小额信贷，经办银行要会同相关部门加强后续管理。对不符合续贷和展期条件的，经办银行不得办理续贷和展期。

四、妥善应对还款高峰期

（一）加大政策宣传力度。强化诚信教育，形成银行贷款应按时偿还的广泛认知和自觉认同。

（二）加强贷后管理。建立贷款台账，完善风险监测预警机制，及时准确掌握贷款使用情况。

（三）做好贷款到期提醒。贷款到期日 60 天前通知借款人做好还款准备，贷款到期日 30 天前书面通知借款人按时还款。

（四）稳妥处置逾期贷款。加强银行机构与地方政府的协同配合，充分发挥村两委、第一书记、驻村工作队和帮扶责任人的作用，督促借款人归还贷款，帮助其制定还款计划。对贷款逾期率明显高于平均水平的乡村，应及时调查、摸清情况、找出原因、认真整改。对通过追加贷款能够帮助渡过难关的，银行机构可予以追加贷款支持，但单户扶贫小额信贷总额不得超过 5 万元。

（五）采取司法手段。对恶意拖欠银行贷款、存在逃废债行为的，纳入失信债务人名单，并依法组织清收。

五、进一步完善风险补偿机制

（一）有条件的县级政府可建立风险补偿机制，科学合理确定风险补偿金规模，明确风险补偿启动条件及程序等。风险补偿金要存放在共管账户，专款专存、专账管理、封闭运行，不得将风险补偿金混同为担保金使用。

（二）对贫困户确无偿还贷款能力、到期未能还款且不符合续贷或展期条件、追索 90 天以上仍未偿还的扶贫小额信贷，应启动风险补偿机制。追索期内的应付利息，一并纳入风险补偿范围，按规定比例进行分担。

（三）使用风险补偿金对贷款本息进行补偿后，县级政府和银行机构按损失分担比例共同享有对借款人的债权，应继续开展贷款本息追索工作，追索回的贷款本息按损失承担比例，分别退还银行机构和风险补偿金账户。

（四）积极探索风险分担形式，鼓励引入政府性担保机构分担风险，支持保险机构开发推广特色农产品保险、人身意外险、大病保险、扶贫小额信贷保证保险等保险产品。发放扶贫小额信贷时，不得强制搭售保险、强行参保（担保）等。

六、分类处置未直接用于贫困户发展生产的扶贫小额信贷

（一）扶贫小额信贷要精准用于贫困户发展产业，继续禁止将新发放的扶贫小额信贷以入股分红、转贷、指标交换等方式交由企业或其他组织使用。

（二）对已发放的、未直接用于贫困户发展生产的类扶贫小额信贷，要建立台账，加强监管，分类处置。要重点挂牌跟踪监测贷款量大、涉及户数较多的实际用款企业或其他组织。

对于有一定产业基础、有良好社会责任担当的企业或其他组织实际使用的扶贫小额信贷，经办银行要切实加强贷后管理，密切跟踪，科学评估，到期收回贷款或转为产业扶贫贷款。

对于贫困户不知情、不享受扶贫小额信贷优惠政策或贫困户只享受利息、分红而不参与生产劳动的情况，地方政府和经办银行要切实采取措施予以纠正。

对于已出现风险或经营管理不善的企业，经办银行要及时收回贷款，防止风险向贫困户转移，扶贫部门、银行保险监管部门、人民银行分支机构要予以支持协助。

七、强化组织保障

（一）提高认识，明确分工。各级银行保险监管部门要督促银行机构精准合规发放扶贫小额信贷，加强贷前、贷中、贷后管理，积极防范和化解信贷风险。进一步提高不良贷款容忍度，对扶贫小额信贷不良率高出银行机构自身各项贷款不良率年度目标 3 个百分点以内的，不作为监管部门监管评价和银行内部考核评价的扣分因素，要加快完善扶贫小额信贷尽职免责制度。各级扶贫部门要做好组织协调、政策宣传等工作，将贫困户使用扶贫小额信贷情况与县级脱贫攻坚项目库建设相结合，加强跟踪指导和技能培训。各人民银行分支机构要灵活运用多种货币政策工具，加大扶贫再贷款支持力度，加强对深度贫困地区的政策倾斜。地方财政和扶贫部门要共同落实好财政贴息政策，已设立风险补偿金的地区要进一步完善风险补偿机制，规范风险补偿启动条件和流程。

（二）开展通报约谈，推进政策落实。将扶贫小额信贷质量、逾期贷款处置等情况纳入地方党委、政府脱贫攻坚年度考核内容，定期通报扶贫小额信贷工作开展情况，对问题较多、违规情节较重地区的党政领导和主管部门负责同志进行约谈提醒，限期整改。

（三）加大宣传力度，总结推广经验。加强扶贫小额信贷政策培训，利用群众喜闻乐见的形式加强宣传。及时总结各地规范健康发展扶贫小额信贷的好做法、好经验，进一步加大交流推广力度。

中国银保监会　财政部

中国人民银行　国务院扶贫办

2019 年 5 月 9 日

附录4

国务院扶贫办　中国银保监会
关于积极应对新冠肺炎疫情影响
切实做好扶贫小额信贷工作的通知

国开办发〔2020〕3号

各省、自治区、直辖市扶贫办（局）、各银保监局：

2020年是全面建成小康社会目标实现之年，是脱贫攻坚收官之年。当前，新冠肺炎疫情对脱贫攻坚造成一定影响，部分地区扶贫小额信贷工作面临困难。为深入贯彻落实习近平总书记重要指示精神，努力化解疫情影响，促进扶贫小额信贷健康发展，现就做好近期工作通知如下：

一、适当延长还款期限

各级扶贫部门和银行保险监管部门要尽快摸排本地区受疫情影响情况，指导承办银行机构结合本地实际，适当延长到期日在2020年1月1日后（含续贷、展期）、受疫情影响出现还款困难的贫困户扶贫小额信贷还款期限。延期最长不超过6个月，期间继续执行原合同条款，各项政策保持不变。鼓励承办银行机构适当降低延期期间贷款利率。

二、简化业务流程手续

指导承办银行机构在疫情期间，对新发放贷款、续贷和展期需求，加快审批进度，简化业务流程，提高业务办理效率。引导贫困户通过电话银行、手机银行、网络银行等线上方式和村村通金融服务点申请贷款和自助还款。对受疫情影响的贫困户，可采取多种方式灵活办理业务，待疫情解除后，按程序补办相关手续，期间发生逾期的不纳入征信失信记录。

三、切实满足有效需求

摸清贫困户生产经营受疫情影响情况，充分考虑春季生产需要和后期恢复生产资金需求，提前做好预案，督促指导承办银行机构认真落实《中国银保监会 财政部 中国人民银行 国务院扶贫办关于进一步规范和完善扶贫小额信贷管理的通知》（银保监发〔2019〕24号）要求，对贫困群众的生产资金需求，符合申贷、续贷、追加贷款等条件的，及时予以支持。保持扶贫小额信贷政策稳定性，不抬高贷款门槛，不缩短贷款期限。

四、充分发挥基层作用

充分发挥村两委、驻村帮扶工作队等基层力量作用，通过电话、互联网等多种方式，加强与贫困户联系沟通，在坚决打赢疫情防控阻击战的同时，做好扶贫小额信贷政策宣传和贷款使用跟踪指导。学习借鉴湖南省宜章县扶贫小额信贷"四员"工作法等先进经验，通过设置信贷管户员、产业指导员、科技特派员、电商销售员等方式，帮助贫困户用好扶贫小额信贷。

五、强化监测防范风险

做好扶贫小额信贷数据录入管理，及时与承办银行机构开展数据信息共享比对，加强实时监测分析，全面掌握年内到期贷款金额比重、区域分布，对受疫情影响严重、还款压力较大的重点地区，要持续予以关注，加强业务指导，切实防范信用风险。

六、加强组织领导

各级扶贫部门和银行保险监管部门要增强"四个意识"，坚定"四个自信"，做到"两个维护"，切实把思想和行动统一到习近平总书记的重要指示精神上来，做好工作衔接和组织协调，充分发挥扶贫小额信贷作用，帮助受疫情影响贫困户尽快恢复生产、实现稳定脱贫，助力高质量打赢脱贫攻坚战。

国务院扶贫办　中国银保监会

2020 年 2 月 10 日

附录 5

中国银保监会　财政部　中国人民银行

国务院扶贫办关于进一步完善扶贫小额

信贷有关政策的通知

银保监发〔2020〕28 号

各银保监局，各省、自治区、直辖市财政厅（局），中国人民银行上海总部、各分行、营业管理部、各省会（首府）城市中心支行，各省、自治区、直辖市扶贫办（局），各政策性银行、大型银行、股份制银行：

2020 年是脱贫攻坚决战决胜、全面收官之年，脱贫攻坚任务十分繁重艰巨，新冠肺炎疫情又带来新的风险挑战，必须加大政策支持力度，狠抓工作落实，确保如期全面完成脱贫攻坚目标任务。为认真贯彻落实习近平总书记对扶贫小额信贷的重要指示精神和党中央、国务院决策部署，充分发挥扶贫小额信贷作用，助力高质量打赢脱贫攻坚战，现就有关事项通知如下：

一、进一步坚持扶贫小额信贷政策。脱贫攻坚期内（2020 年 12 月 31 日前）签订的扶贫小额信贷合同（含续贷、展期合同），在合同期限内各项政策保持不变。

二、进一步扩大扶贫小额信贷支持对象。将返贫监测对象中，具备产业发展条件和有劳动能力的边缘人口纳入扶贫小额信贷支持范围，贷款申请条件、程序及支持政策等与建档立卡贫困户一致，防止产生新的致贫人口。扶贫部门负责认定并主动提供边缘人口名单。银行保险监管部门负责督促银行机构及时、精准、规范向边缘人口发放扶贫小额信贷。人民银行分支机构予以扶贫再贷款支持。财政部门和扶贫部门要共同落实好财政贴息。已设立风险补偿金的地区按照规范程序落实好风险补偿政策。

三、进一步延长受疫情影响还款困难的扶贫小额信贷还款期限。对到期日在2020年1月1日后（含续贷、展期），受疫情影响还款困难的贫困户扶贫小额信贷，在延长还款期限最长不超过6个月的基础上，将还款期限进一步延长至2021年3月底。延长还款期间各项政策保持不变，鼓励有条件的银行机构适当降低延期期间贷款利率，努力减轻贫困户还款压力，将疫情影响降到最低。

四、进一步满足扶贫小额信贷需求。要认真落实分片包干责任，坚持以乡镇为单位不断完善扶贫小额信贷主责任银行机制，实行名单制管理。要充分发挥村两委、驻村帮扶工作队等基层力量作用，在相关部门的指导支持下，配合银行机构做好扶贫小额信贷政策宣传、贫困户信用评级、贷款申请评估、贷款使用监测指导、逾期贷款清收、产业选择、技术指导、产品销售等工作。对符合扶贫小额信贷及续贷、展期条件的，银行机构要确保应贷尽贷、应续尽续、应展尽展；符合追加贷款条件的，可予以追加贷款支持，但单户扶贫小额信贷总额不得超过5万元。

五、进一步做好扶贫小额信贷风险防控工作。要坚持扶贫小额信贷户借、户用、户还，精准用于贫困户及边缘人口个人发展生产，不能用于结婚、建房、理财、购置家庭用品等非生产性支出，更不能集中用于政府融资平台、生产经营企业等。要加强扶贫小额信贷监测分析，及时掌握贷款集中到期、贷款逾期等情况，对集中还款压力较大地区、存量"户贷企用"等未直接用于贫困户发展生产的扶贫小额信贷余额较大地区、不良贷款率较高及关注类贷款占比较大地区等要重点关注，加强分析研判。要积极争取地方党委、政府支持，持续完善扶贫小额信贷风险补偿机制，明确风险补偿启动条件及流程，鼓励引入保险、担保机构分担风险。

六、进一步加强扶贫小额信贷工作组织领导。各级银行保险监管部门、财政部门、人民银行分支机构、扶贫部门要加强统筹协调，形成工作合力，促进扶贫小额信贷健康发展。要将扶贫小额信贷工作情况纳入地方党委、政府脱贫攻坚年度考核内容，定期通报工作开展情况。加大典型经验总结推广和新闻宣传力度，讲好扶贫小额信贷故事。

中国银保监会　财政部
中国人民银行　国务院扶贫办
2020 年 6 月 24 日

附录6
湖南麻阳县"721"评级授信表

住址： 乡（镇） 村 组 建档立卡编号： 金额：万元

申请	湖南麻阳农村商业银行： 　　本人＿＿＿，性别＿＿＿，年龄＿＿＿＿，家庭人口＿＿＿＿人（其中有劳动能力＿＿＿＿人），住房 间，房屋结构为（土木、砖木、砖混、木板结构），承包责任田＿＿＿亩，责任山＿＿＿亩。家庭主要收入来源是 ，上年收入＿＿＿元，参与扶贫项目为＿＿＿，预计产生收入＿＿＿元，特申请评定信用等级＿＿＿，申请贷款＿＿＿万元。 　　　　　　　　　　　　申请人签字（手模）： 　　　　　　　　　　　　联系电话： 　　　　　　　　　　　　　年　　　月　　　日

户主及家庭成员情况	关系	姓名	性别	身份证号码	年龄	健康（好、较好、一般、差）	文化程度（高中及以上、初中、小学、无）	劳动能力（好、较好、一般、无）	是否参加新型农村合作医疗	联系电话
	户主									

（续）

项目		计分	信息采集	分值	计分标准
信用等级评定	诚信评价			70	A：好 70 分　B：较好 60 分　C：一般 50 分
	劳动力人数			20	A：3 人及以上得 20 分　B：2 人得 15 分 C：1 人得 0 分
	人均纯收入			10	A：2000 元及以上得 10 分　B：1000 元及以上 2000 元以下得 8 分　C：500 元及以上 1000 元以下得 5 分
小计				100	信用等级测评结果

村级评议小组意见：该户信用等级为＿＿；测评贷款额度＿＿万元。

评议小组组长签字：

年　月　日

扶贫办审核意见：同意核定该户信用等级为＿＿，测评贷款额度＿＿万元。

扶贫办签章
年　月　日

农商行核准意见：

签章：
年　月　日

注：优秀≥90 分；较好＜90 分，≥80 分；一般＜80 分，≥70 分，贫困户逐户统计汇总表抄送扶贫办。

附录 7

宁夏盐池县"631"评级授信方案

一、信用户的评定标准

主要依据《盐池县信用户评分参考标准》中的指标进行评分，实行百分制，主要包括：

（一）基本情况（占 10%）：包括评定对象的年龄、学历、婚姻状况和健康状况。

（二）家庭收入及资产负债情况（占 30%）：包括评定对象的家庭收入等总资产及资产负债率。

（三）信用状况及参保情况（占 50%）：包括有无不良贷款和对外担保情况。

（四）遵纪守法（占 10%）：包括各种欠账、赌博、吸毒、邪教、近 3 年无拘留、犯罪记录、没有参与聚众上访，在本村内无重大不良影响、不良嗜好及司法诉讼记录等情况。

按信用评分得分高低将信用户分为 4 个级次：

AAA 级信用户：综合得分在 90 分（含）以上；

AA 级信用户：综合得分在 80 分（含）至 90 分；

A＋级信用户：综合得分在 70 分（含）至 80 分；

A 级信用户：综合得分在 60 分（含）至 70 分。

二、信用户的评定程序

信用户的评定。由各村评议领导小组依据《盐池县信用户评分参考标准》打分评出后，填制《盐池县信用户信用等级评定表》，将初评结果报送至盐池县农村信用体系建设领导小组办公室（中国人民银行盐池县支行）审定，经领导小组召开专题会议研究，以正式文件发布方可认定。

信用户的等级评定原则上采取两年一次集中评审，一年一次复核审查。对评定的信用户，由盐池县农村信用体系建设领导小组进行统一授牌并备案管理。

三、信用户评分参考标准

指标分类	评价指标		分值
	二级指标	三级指标	
基本情况（10分）	年龄	25～50 岁	3
		25 岁以下，50 岁以上	1.5
	学历	大专以上	2
		中专及高中	1
		高中以下	0.5
	婚姻状况	已婚	2
		未婚	1
	健康状况	家庭成员均健康	3
		家庭成员中存在健康状况较差的	1.5
		家庭成员中有重大疾病的	0.5
家庭收入及资产负债情况（30分）	人均可支配收入	高于本县平均水平	10
		达到本县平均水平	5
		低于本县平均水平	0
	家庭总资产	高于本县平均水平	10
		达到本县平均水平	5
		低于本县平均水平	0

（续）

指标分类	评价指标		分值
	二级指标	三级指标	
家庭收入及资产负债情况（30分）	资产负债率	30％以下	10
		30％（含）～40％	7
		40％（含）～50％	5
		50％（含）以上	0
信用状况及参保情况（50分）	有无不良贷款	无	20
		有	0
	对外担保	无	10
		担保贷款正常	8
		担保贷款逾期且担保金额小于1万元	4
		担保贷款逾期且担保金额大于1万元	0
	有无参加社保、医保及农业保险	参加两项以上	20
		参加一项	10
		无	0
遵纪守法（10分）	各种欠账	无	1
		有	0
	赌博嗜好	无	2
		有	0
	吸毒记录	无	2
		有	0
遵纪守法（10分）	邪教活动记录	无	1
		有	0
	司法诉讼记录	无	1
		有	0
	行政处罚记录	无	1
		有	0

（续）

指标分类	评价指标		分值
	二级指标	三级指标	
遵纪守法 （10分）	聚众上访	无	1
		有	0
	重大不良 影响记录	无	1
		有	0

四、信用户信用等级评定表

编号：盐信户＿＿＿号

姓名		民族		出生年月		
健康状况		信誉状况		文化程度		
身份证号码						
家庭住址				联系方式		
信用 等级 评定 情况						
	评分：			等级：		
信用户评定领导小组意见：						

附录 8
湖南宜章县扶贫小额信贷风险防控机制

一、宜章县扶贫小额信贷风险防控"红黄蓝绿"预警机制

为了更好管控扶贫小额信贷风险，运用风险管控系统，对即将到期贷款的情况实行"红黄蓝绿"四级预警。

红色预警：对 1 天后到期的贷款，实行"红色预警"。

黄色预警：对 7 天后到期的贷款，实行"黄色预警"。

蓝色预警：对 30 天后到期的贷款，实行"蓝色预警"。

绿色预警：对 90 天后到期的贷款，实行"绿色预警"。

二、宜章县扶贫小额信贷风险防控"四提前"机制

一、对 90 天后到期的贷款，支行、乡镇提前一个季度走访用款主体，了解其生产经营状况、还款能力等情况，提醒其做好还款准备；

二、对 30 天后到期的贷款，支行、乡镇提前　个月走访用款主体，了解其生产经营状况，指导制定还款计划；

三、对 7 天后到期的贷款，支行、乡镇提前一周走访用款主体，督促其落实好还款资金；

四、对 1 天后到期的贷款，支行、乡镇提前一天再次确认用款主体还款资金到账情况，确保其按期还款。

附录 9
湖北十堰市郧阳区扶贫小额信贷实施方案

郧阳区开展精准扶贫小额信贷业务实施方案

郧政办发〔2017〕32号

为进一步贯彻落实中国人民银行等七部委联合印发的《关于金融助推脱贫攻坚的实施意见》（银发〔2016〕84号）精神，深入推进全区扶贫小额信贷业务开展，切实解决建档立卡贫困户和与之建立脱贫帮扶协议的新型农业经营主体贷款难、贷款贵问题，根据《湖北省创新扶贫小额信贷工作的实施意见的通知》（鄂政办发〔2015〕82号）和中国人民银行武汉分行、湖北省扶贫办关于印发《湖北省"新型农业经营主体＋建档立卡贫困户"扶贫小额信贷管理办法》的通知（武银〔2016〕84号）等文件要求，特制定本实施方案。

一、目标任务

按照区委、区政府提出的"三年整体脱贫，两年巩固提高"的脱贫攻坚总体目标，2017年扶贫小额信贷规模达到5亿元以上，2018年力争全区扶贫小额信贷规模累计达到7亿元以上，助推全区所有建档立卡贫困户脱贫销号，所有贫困村脱贫出列。

二、扶贫小额信贷主办银行

郧阳区农行、邮政储蓄银行、农商银行、楚农商村镇银行为全区扶贫小额贷款主办银行，其他银行业金融机构以包点扶贫村为重点，以向带动贫困户脱贫出列的龙头企业发放贷款为主全面参与。农行主要负责城关、茶店、青山、杨溪 4 个乡镇；邮政储蓄银行主要负责南化、白浪、谭家湾 3 个乡镇；楚农商村镇银行主要负责柳陂镇；其余 12 个乡镇（场）由农商银行负责。

三、扶贫小额信贷贷款对象

（一）建档立卡贫困户。全区所有建档立卡贫困户，以区扶贫办认定为准。

（二）新型农业经营主体。郧阳区内各乡镇（场）农业龙头企业、农民专业合作社、种养殖业专业户、家庭农场、星级农家乐等。

新型农业经营主体必须与带动基地、农户之间有稳定的契约关系，带动每个贫困人口年收入不低于 1 万元。

四、贷款用途

建档立卡贫困户扶贫小额贷款只能用于解决贫困户发展生产和增加收入；不得用作购置生活用品、建房、治病、子女上学等非农业生产性项目，也不得转借给他人使用。新型农业经营主体扶贫小额贷款只能用于生产经营项目，不得挪作他用。

五、贷款方式与额度

对符合贷款条件的建档立卡贫困户，根据评级授信结果，实现"10 万元以内、免担保、免抵押、全贴息"的信用贷款。对新型农业经营主体发放的"新型农业经营主体＋建档立卡贫困户"扶贫小额信贷，贷款额度按吸纳和带动的建档立卡贫困户户数×10 万元计算，最高不超过 200 万元，方式为信用贷款，财政按贷款年利率贴息3 个点。

六、贷款期限和利率

对建档立卡贫困户的扶贫小额贷款根据贷款用途和生产周期等因素确定，期限在 1 年以内，贷款利率执行年利率 4.35％，如遇利率调整，按调整后的标准执行。对新型农业经营主体发放的扶贫小额贷款，期限原则上 12 个月，最长不超过 2 年。1 年期年利率 4.35％；2年期 4.75％。如遇利率和加点幅度调整，按调整后的标准执行。

七、扶贫小额贷款办理程序

（一）采集信用信息，开展评级授信。评级授信是发放扶贫小额贷款的基础。各乡镇（场）政府统一组织本辖区各行政村的评级授信工作。各村委、主办银行和主办保险公司具体负责评级授信。一是村委按照统一格式向主办银行提供建档立卡贫困户、新型农业经营主体和其他农户基本信用信息。二是村支书负责组织金融精准扶贫"两站"（贫困村的金融精准扶贫工作站、非贫困村的惠农金融服务工作站，以下简称"两站"）工作人员在主办银行指导下按统一标准开展信用等级评定。三是各主办银行根据信用等级评定情况确定授信额度，并向全体村民公示。

各村支部书记、主办银行信贷人员、包点扶贫工作队长（主办保险公司业务员）分别担任"两站"站长和副站长，工作人员由党员代表、群众代表和贫困户代表组成。

对建档立卡贫困户原则上 60 分以下不授信，60～69 分授信限额 5 万元，70～79 分授信限额 6 万元，80～89 分授信限额 8 万元，90 分以上授信限额 10 万元。对新型农业经营主体的授信额度在 200 万元以内由主办银行自主确定。评级授信后，由主办银行向建档立卡贫困户和新型农业经营主体发放信用贷款证。

（二）提出贷款申请。建档立卡贫困户和新型农业经营主体有经营项目、有资金需求，自愿向金融精准扶贫工作站站长提出贷款申请，申请前须包户干部签字并按银行要求提供有效身份证件、贷款项目资料和信用贷款证等。

（三）贷款初审和推荐。对建档立卡贫困户，经村评贷委员会（"两站"工作人员）开会审核，对符合条件的由村金融工作站向主办银行推荐；对新型农业经营主体，由乡镇评贷委员会（书记、镇长、分管财经副镇长、分管农业副镇长、财政所长）签字后，按少数服从多数的原则向主办银行推荐。上述"两贷"评审委员会必须开会，投票表决，并做好记录，存档备查。

（四）贷款受理与调查。主办银行收到贷款申请后，及时进行自主审查和实地调查。

（五）贷款审批与放贷。各主办银行根据审查和调查情况，经区扶贫部门审核后，按有关贷款程序及时对符合条件的申请人发放贷款。按照"一次核定、随用随贷、余额控制、周转使用、利率优惠"的方式，对扶贫小额贷款简化手续，真正提供免抵押、免担保的信用贷款。

（六）贷后管理。银行有权监督借款人使用贷款资金。特别是新型农业经营主体，其贷款资金必须存放在借款人在主办银行开立的账户内。除劳务报酬、日常费用开支外，不得支取现金，需要向第三方付款的，原则上均须通过主办银行转账办理。各村金融精准扶贫工作站要协助主办银行跟踪监督贷款资金使用，做到扶贫贷款资金专款专用，防止滥用。

（七）还款与贴息。贷款到期借款人须及时偿还贷款本息。建档立卡贫困户的贷款利息由财政按月直补主办银行，贷款到期借款人还贷款本金。新型农业经营主体贷款按月付息，到期利随本清，3％的贴息按规定程序办理。

八、保险扶持

扶贫小额信贷引入保证保险机制。人保财险郧阳支公司为全区扶贫小额信贷主办保险公司。建档立卡贫困户扶贫小额信贷保证保险费率确定为2％，意外伤害保险费率为0.5％，两项保费均由财政全额补贴。新型农业经营主体扶贫小额信贷保证保险费率为2％，由借款人和区政府各承担50％，即新型农业经营主体在办理扶贫小额贷款必须承担贷款金额1％的保险费，另外一半的保费由区财政直接补贴给保险公司。在办理扶贫小额贷款手续时，主办银行、借款人要积极配合保险公司办理投保手续。政策性农业保险要在贫困村优先实行。

九、保障措施

（一）加强组织领导，建立协调机制。在区委、区政府的统一领导和指导下，成立郧阳区金融精准扶贫小额信贷协调管理领导小组。成员由区金融办、扶贫办、财政局、人民银行、各银行业金融机构、人保财险等主要负责人组成。协调管理领导小组办公室设在人民银行，具体负责起草金融精准扶贫小额信贷管理实施方案、起草政银保三方合作协议、定期组织召开跨部门联席会议、协调各职能部门工作等。各乡（镇、场）、各村以金融精准扶贫"两站"为支点，建立扶贫小额信贷信息平台（包括扶贫对象信用平台和贷款程序平台），实现建档立卡贫困户与主办银行信贷管理系统、保险公司业务系统有效对接和信息共享。

（二）明确分工，强化责任。区政府是扶贫小额信贷工作的责任主体。区长为第一责任人。金融办负责组织协调各职能部门工作；扶贫办负责建档立卡贫困户认定与核实、代表区政府办理贷款担保相关手续、落实扶贫贴息政策、协调各乡（镇）政府、村"两委"、驻村工作队等与主办银行之间的工作、评估扶贫小额信贷业务开展效果等。财政部门负责配合扶贫办统筹落实好扶贫小额信贷风险补偿机制；人民银行负责灵活运用扶贫再贷款、差别存款准备金动态调整等货币政策工具，引导金融机构扩大扶贫小额信贷投放，同时，提供贷款基准利率或基础利率数据，配合做好扶贫小额信贷贴息工作，努力推动配套政策落实；银监办落实银行业金融机构差异化监管政策；保险公司负责推进农村保险市场建设，不断增强扶贫小额信贷风险保障功能；4家主办银行要积极做好扶贫小额贷款发放、贷后管理和贷款回收等工作，及时识别和处置贷款风险。

（三）实行目标责任管理。各主办银行要根据划分的责任片区积极向建档立卡贫困户和新型农业经营主体发放扶贫小额贷款。2017年底以前要完成5亿元的贷款，到2018年争取完成7亿元。新增贷款增长率和小额扶贫贷款覆盖率要达到上级政府规定的考核比例以上。

（四）培植诚实守信意识，营造良好信用环境。在开展扶贫小额信贷业务过程中，各乡镇（场）要切实加强"信用乡镇""信用村""信用户"创建工作，增强农村经济主体的信用意识，使农户"善用信、能守信"，营造"守信光荣、失信可耻"的良好氛围。各乡镇（场）与新型农业经营主体之间形成良好互动发展模式，鼓励新型农业经营主体拿出一定资金支持本地精准扶贫工作，提高各方积极性。

（五）强化贷款清收力度，加大对失信者的惩戒。对不守信用，贷款到期不还的，采取必要的惩戒措施。一是扶贫小额贷款逾期不还，财政不予贴息，借款人须自己承担贷款本金、利息和逾期罚息；二是贷款逾期未还，借款人不良信息将被自动纳入人民银行征信系统，以后将无法从任何一家银行申请贷款和办理信用卡；三是对恶意拖欠贷款不还者采取必要的法律手段提起诉讼，欠款人一旦被列入社会征信黑名单，其日常生活将受到限制，不能乘坐飞机、高铁、动车，不得进行高档消费、子女不得上重点中学和大学等；四是各乡（镇、场）、各村委积极协助主办银行清收贷款，对不良贷款率超过10%的乡（镇、场）和行政村，对其信用乡（镇）、信用村创建实行一票否决；五是对乡镇、行政村由于徇私、监管不力、故意隐瞒等人为原因造成贷款损失的，应对相关直接人员追责，对经过调查核实、属于市场风险等客观原因的，可以免责；六是对银行信贷人员工作不力造成贷款损失的，按银行信贷管理办法追究责任。

（六）加强日常管理与监测，完善效果评估与考核。一是加强日常管理与监测。扶贫办和人民银行要建立月统计、季通报、年考核制度。二是建立奖惩机制。将全区扶贫小额信贷发放情况纳入金融机构"两综合、两管理"工作考评和政府年度目标考核。对工作成效突出的金融机构，人民银行在货币政策工具运用上予以大力支持；人民银行和银监办减少或减免现场检查频次。三是加强扶贫效果评估。建立金融精准扶贫小额信贷绩效考核评估制度。成立由扶贫办、财政局、人民银行等部门组成的扶贫效果考核评估专班，对新型农业经营主体带动建档立卡贫困户脱贫工作从帮扶对象、帮扶措施、增加收入等情况进行效果评价，要有受扶贫困户签字确认和考核评估专班签字。四是加强对各乡（镇）政府、各村"两委"工作的考核。把扶贫小额贷款的发放、管理和回收情况纳入各乡（镇）政府年度责任目标的考核内容。

本实施方案自发布之日起实施。

附件　郧阳区建档立卡贫困户小额贷款及贴息审批表

贫困户信息	申请人姓名		申请时间	
	联系方式		家庭人口	
	信用等级		授信额度	
	身份证号		家庭住址	
申贷项目情况	生产经营项目			
	项目地址		投资额度	
	申请贷款金额		利率	
	贷款起止时间	年　月　日至　年　月　日		
	项目成效			
	财政补贴保费金额（2.5%）		财政贴息金额（大写）	

（续）

以上内容由本人亲自填写，是我夫妻双方真实意思表达，我承诺严格按照《贷款合同》履行借款人义务，使用好贷款并按期还贷。

借款申请人签字：_____　　　借款申请人配偶签字：_____

包户干部意见		村金融工作站初审意见	
乡镇政府复审意见		区扶贫部门审核意见	
区金融机构审批意见		区财政部门意见	

图书在版编目（CIP）数据

扶贫小额信贷典型案例 / 国务院扶贫办开发指导司，
中国银保监会普惠金融部组编. —北京：中国农业出版
社，2020.10
ISBN 978-7-109-27340-5

Ⅰ.①扶… Ⅱ.①国… ②中… Ⅲ.①农业信贷—信
贷管理—关系—扶贫—案例—中国 Ⅳ.①F832.43
②F323.8

中国版本图书馆 CIP 数据核字（2020）第 178236 号

扶贫小额信贷典型案例
FUPIN XIAO'E XINDAI DIANXING ANLI

中国农业出版社出版
地址：北京市朝阳区麦子店街 18 号楼
邮编：100125
责任编辑：贾 彬 徐 晖 文字编辑：耿增强
版式设计：王 晨 责任校对：赵 硕
印刷：北京中兴印刷有限公司
版次：2020 年 10 月第 1 版
印次：2020 年 10 月北京第 1 次印刷
发行：新华书店北京发行所
开本：700mm×1000mm 1/16
印张：12
字数：182 千字
定价：39.00 元